吉林省社会科学院城乡发展研究中心
吉林省社会科学院城乡空间演化实验室　　**重点项目**

主 编 马 克
副主编 崔岳春 赫曦滢 肖国东

哈长城市群 的 空间演化研究

Research on Space of
Evolution of
Haerbin and Changchun
City Group

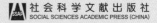
社会科学文献出版社
SOCIAL SCIENCES ACADEMIC PRESS (CHINA)

主　编：马　克

副主编：崔岳春　赫曦滢　肖国东

作　者：赵光远　徐　嘉　姚震寰　王天新　李　平
　　　　刘　瑶　刘明涛　徐卓顺　纪明辉　杜　磊
　　　　井丽巍　刘艳秋　李丹妮　王　戍　孙　博
　　　　李景微

摘　要

城市群的出现和发展是社会经济和城市化发展到一定阶段的产物。诺贝尔经济学奖获得者斯蒂格利茨曾说，中国的城市化与美国的高科技发展将是深刻影响 21 世纪人类发展的两大主题。在中国进入城市化发展的加速阶段，出现了一个独特的现象，这就是城市群的兴起。也正因为如此，国家明确提出要把城市群作为城市化发展的主体形态。

本书既是一部立足国家空间发展战略构建哈长城市群的著作，又是一部以跨区域整合的视角考察哈长城市群的著作，还是一部能够为新兴城市群发展提供决策依据的著作。

本书第一部分为总论，包括第一章和第二章。第一章重点介绍了城市群的内涵与城市群形成机制与发育机理，分析了城市群空间结构演化的诱因、特征与机制，对国外城市群发展的特点和经验做出总结。第二章着重分析中国城市经济发展的空间特征，重点分析中国城市群的空间特征及其格局变化，提出中国城市群的战略目标、思路与展望。

第二部分是专题研究，是本书的重点，包括第三章到第七章。第三章对哈长城市群的整体概况和空间布局做出详细的介绍，通过各种发育指标判断哈长城市群所处的发展阶段；第四章构建一个评估城市群发展的指标体系，并对指标选取的原则和指导思想进行阐述，将研究对象和数据来源进行界定，构建一个包含 3 个一级指标、

8个二级指标、25个三级指标的城市群评估体系；第五章是数据分析部分，将城市群按省份分为哈大齐工业走廊、牧绥地区和吉林省中部城市群两个部分，利用评估城市群发展指标体系，对城市人口指标、城市经济发展指标、城市生活质量指标和城市文化生活指标四个部分进行对比，阐述两省各自的优势和缺陷，为两省城市群整合发展提供依据；第六章主要从城市布局、产业整合、基础设施建设和生态环境建设等角度，对哈长城市群对比研究的内容进行总结，并对哈长城市群整合发展提出了具体政策建议；第七章是对哈长城市群整合发展需要的支撑平台进行了归纳，提出要加强组织协调、强化政策统筹和健全监测评估体制等对策建议。

目　录

第一章　城市群演化与整合发展理论

科学的理论是对事物本质及其发展规律的客观反映，它产生于人类的社会实践，并随着生产力的不断发展而逐渐形成和完善。科学家海里斯曾经说过："理论是真实世界的抽象概括。"他又进一步论证了科学理论建立的过程和方法。众所周知，任何一门学科的理论与实践的发展都是在对前人不断总结的基础上产生，又通过实践不断验证的。天文学家哥白尼说过，要善于集合相近学科的理论精华，充实自己的学科，才能推动科学的发展。

我国的城市学基本理论、城市群的基本概念也是通过我国城市科学工作者大量的实践与研究，参考国内外许多重要的论著，特别是对城市形成发展诸因素间的相互联系、相互制约的关系加以概括，系统地分析与总结出来的。当前，对城市群问题进行研究，既具有重要的理论价值，又具有实践意义，是我们认识中国城市空间演化过程和现状的重要手段。

第一节　城市群概念的新认识与空间特征

一　城市群的概念

城市是人类聚居的主要场所，城市的形成与发展是生产力在空间中逐步集聚，并且高度集中的重要标志，尤其是进入近现代，城市已经成为人类社会进步的重要体现。城市不但是日常生活和文化科学艺术活动的场所，也是工业、商业、服务业、交通、信息业、金融等行业分布的集中点，正如列宁强调的，"城市是经济、政治和人民的精神生活的中心，是前进的主要动力"。[①]

但是众所周知，城市不是一个孤立、封闭的固化空间，它与邻近的地区和城镇有着千丝万缕的联系，因此从某种意义上来说城市是区域性城市群中的一个构成部分，不同的城市及其所形成的不同城市之间和城市与邻近区域之间，共同构成一个完整的有机体。通常情况下，城市群被认为是一个复杂的整体、一组互相联系的事物或者是区域生产的空间。我们发现，近年来整体观念和系统思想在城市学中有了长足的发展，形成了众所周知的系统理论和综合思维的体系。系统理论研究的核心问题是如何让1＋1＞2，即不同的组成部分整合为系统之后，形成超过原来各组成部分之和的力量。系统与集合之间的关系不是部分简单相加的和，关键在于内部的各部分之间会产生相互作用，这种相互作用会产生大于加总的力量。用系统论的眼光来看待城市群或城市体系的发展也是确切的，既符合当代社会发展的潮流，也可以使各城市发挥最大作用。从这个意义上说，城市群也是一个城市分布的区域系统。

恩格斯曾经说过："一个伟大的基本思想，即认为世界不是一成不变的事物的集合体，而是过程的集合体。"钱学森等进一步指出"集合体"就是系统，"过程"就是系统中各个组成部分的相互作用和整体的发展变化。[②] 用钱学森的"集合体"系统来解释城市群非常适宜。因为在一个区域中，城市之间、城市与地区之间都存在相互作用、相互制约的作用，它们有机结合可以形成一个完整的个体，整个城市群就形成了一个大系统。而城市群内部各个相对独立的城市就构成了这个系统的子系统，城市群形成和发展的过程，也就是

---

① 列宁：《列宁全集》（第19卷），人民出版社，1988，第145～148页。
② 钱学森等：《组织管理的技术——系统工程》，《文汇报》1978年9月27日。

各个城市相互作用、相互影响的过程，在这个过程中存在着严格的
等级模式。贝利（B. J. L. Berry）对这种严格的等级模式做出了三种
合理的解释：一是顺序性的市场搜寻过程：即企业家按从大中心到
小中心的顺序寻找机会，形成地区产业化的集聚过程。二是涓滴过
程：为寻求廉价劳动力，大中心将老的和衰退的产业扩散到小中心，
促进区域工业化、城市化过程。三是模仿效应：即小城市的决策者
模仿大中心应用的技术。①

　　从区域空间布局的角度来看，通过考察区域中每个城市的形成
过程及不同城市间的相互关系，可以看到区域中的优势点呈现不断
集中的趋势，在有发达的交通干线连接的各个城市区域，会形成一
个或两个核心城市，然后由核心城市及周边的邻近城市共同组成一
个区域城市群体。因此，我们可以将城市群的基本概念概括为：在
一定的地域范围内具有相当数量的不同性质、类型和等级规模的城
市，依托一定的自然环境条件，以一个或两个超大或特大城市作为
地区经济的核心，借助于现代化的交通工具和综合运输网的通达性，
以及高度发达的信息网络，发生与发展着城市个体之间的内在联系，
共同构成一个相对完整的城市"集合体"。这种集合体可称为城市
群。也有人认为，"所谓城市群体是由若干个中心城市在各自的基础
设施和具有个性的经济结构方面，发挥特有的经济社会功能，而形
成一个社会、经济、技术一体化的具有亲和力的有机网络"。② 不过
这种观点侧重于城市的经济职能方面，而对城市群体的地区空间概
念和自然要素考虑过少。

　　城市群是一定区域内的空间、自然要素和社会经济等要素共同
构成的有机体，是一个大的地区系统中具有较强活力的子系统，无
论在区域分布层面上，还是在城市相互联系的空间上，均具有网络

---

① Bourne, L. S., *Urban Systems*: *Strategies for Regulation* (Oxford: Clarendon Press, 1975).
② 肖枫、张俊江：《城市群体经济运行模式》，《城市问题》1990 年第 4 期。

性的基本特征，是一个区域经济发展的重要实体。从地域空间方面考虑，城市群既是一个特定区域内相对独立的有机整体，也是一个处于动态发展中的开放性的有机系统，其产生的巨大流动性、社会生活的稳定性与结合性又表明它是一个不断变化的物质世界和精神世界。城市群与城镇体系在具体特征上有许多相似之处，它们都是一个同质的地域概念，都属于区域城镇体系的范畴，从这种意义上考虑，城市群的紧密性、系统性、动态性特点与区域性的城市体系相似，但在初始阶段，尚未发展成熟的城市群一般布局比较松散，动态变化也相对缓慢，联系紧密程度不高。城镇体系是一个更高层次的、全面性的城镇分布地域概念，等级规模与横向联系都较强；而城市群是局部地区城镇集聚的地域概念，呈现着有序与无序的分布状态，其内部各地区的经济发展水平均较高。

二 城市群的主要特征

（一）城市群形成发展过程具有动态特征

与世界上其他事物一样，城市群的形成和发展过程也具有动态变化的特点。城市群内各种不同性质的城市，在规模、结构、形态和空间布局上都处在不断变化中。有些区域条件好，就会具有优越的发展机遇，如投资渠道畅通或者有较强的经济实力的首位城市，其动态发展就会呈现出稳定的不断上升的发展趋势；相反，如果城市发展的动力不强，就会出现衰落下降的趋势，首位城市的变化趋势影响着整个城市群的发展水平。从这个意义上来说，城市群的萌芽与发展，是地区经济不断集聚发展的重要产物，同时是区域经济高度集中化的表现。地区经济的集聚主要反映在工业项目布局集中、人口集中、技术力量集中和区域性效应基础设施集中等几个方面，这都会使城市群产生明显的规模效应。

(二) 城市群具有空间网络的结构性特点

城市群不是单个城市的物理集合，而是一个具有广泛的空间网络结构的整体，这种严密的组织结构反映在区域内各个城市规模的大小、城市群网的密度以及城市之间相互组合的形式上。城市群的空间网络结构性，主要体现在以下方面：一是城市群网络的大小（network-size），二是城市群网络的密度（network-density），三是城市群网络的组合形式（type of network-composition）。以上三个要素反映了城市群网络结构的基本特征，说明每一个城市在城市群内具有特定的联系关系，城市群整体结构反映了各个城市在一个群体内的集合功能以及形成的千丝万缕的网状关系，其间既存在城市个性的发展，又产生相互作用的共性关系。[①]

(三) 城市群具有区域内外的连接性和开放性特点

城市群的形成和发展不但需要区域内各个城市相互连接，而且还需要与区域外的地区发生密切联系。随着生产力的蓬勃发展，这种相互联系的强度会越来越强。由于自然条件和历史基础的原因，城乡之间的区域功能和经济发展水平参差不齐，城市明显快于乡村，而且不同地区、不同规模的城市之间也存在巨大差异，这种差异随着城市规模的变化不断拉大。因此，城市的发展不能用孤立和静止的眼光去看待，城市要发展就要广泛地发生区际联系，实施对外开放政策，引进新的技术和机制，只有这样才能使各个城市在区域内的比较之中，发挥自己的优势，克服自己的劣势，求得更加完善的生存和发展条件。"这就需要以城市群体为核心建立与全国统一市场体系互补的，不仅包括消费品和生产资料等商品，而且应当包括资

---

① 蔡勇美、郭文雄：《都市社会学》，台湾，巨流图书公司，1985，第137～139页。

金、劳务、技术、信息和房地产等生产要素的区域性的共同市场。"[1]

（四）城市群内的城市具有吸引集聚和扩散辐射功能

在特定的地域内，首位城市对整个城市群的发展起着核心作用，具有较强的凝聚功能。随着交通运输网络的不断完善，首位城市的集聚与扩散效应几乎是同时发生的。不可否认，在一定区域范围内，非首位城市也同样具有集聚和扩散的功能，但是由于经济实力存在差异，其作用力也有所不同。城市群以物资、人员、技术、金融、信息等形式通过经济协作网络和运输通信体系发挥集聚和扩散作用，实现集聚效益和扩散效益的有机统一，使城市群体的整体功能得以最好的发挥。随着劳动生产力的不断发展，城市群内部的调节与协作功能会越来越明显，这样又加强了地区城市群的吸引力与扩散力。

随着地区生产力水平和地区城市化水平的提高，城市群内的空间相互作用也日益加强。特别是地区经济、社会因素以及文化、科技、交通信息等方面的相互作用不断增加。事实上，城市群区域就是城市密集地区的城市空间分布。"密集地区的城市（镇）与乡村间客观上已形成了高层次的区域性综合经济体系，这些地区的城市职能和聚集效益已经不仅单独地局限于城市中心本身，而更多地表现在整个地区联系密切的城镇体系。"[2] 周一星、胡序威等认为，大都市地带和城市密集区从空间形态上看，是核心区内构成要素的高度密集性和整个地区多核心的星云状结构；从空间组织上看，它是基本单元内部组成的多样性与宏观上的"马赛克"结构。大都市带的基本组成单元是都市区，都是由人文、自然、经济社会特征完全不同的多种成分构成的。顾朝林等认为，大中城市是社会生产力在空间存在的形式和载体，这个载体作为特定的地域经济形式具有相

---

① 肖枫、张俊江：《城市群体经济运行模式》，《城市问题》1990 年第 4 期。
② 吴良镛：《加强城市学术研究，提高规划设计水平》，《城市规划》1991 年第 4 期。

应的特性，概括起来有三点：聚集性、开放性、枢纽性。总之，大都市地带、城镇密集区和城市连绵区都是与城市群、城市体系密切联系的基本载体，都是工业化、城市化过程的产物。

区域内的经济发展因素和非经济发展因素的空间差异，是导致城市群体内城市之间、城乡之间的经济与非经济空间活动的主要原因。这种活动对于任何城市群体的空间作用都是至关重要的，它表明不同地点或区域的人及其活动在空间上是相互作用的，而且通过考察发现，各种空间作用具有某些共同特性或遵循某些共同原则，如地区经济集聚规模扩大规律与市场原则。正是这种活动使各不相同的地点或区域的经济、社会活动互相关联，从而构成了一个庞大而复杂的区域城市空间联系。

关于地区空间相互作用的基本观点和解释。20 世纪 50 年代，美国地理学家乌尔曼（E. L. Ullman）首先认识到空间相互作用的一般原理，他在前人研究的基础上提出了空间相互作用的三个基本观点，即互补性、移动性和中介机会，这是解释城市群发展过程的基本观点。

互补性的概念出自瑞典经济学家俄林（B. Oklin），他认为当一地有剩余的某些要素恰为另一地所需要时，那么，这两地就有互补性。例如，上海是我国最大的工业基地，产值高、利润大，职工平均工资也高，每年大约有 280 多万人和大、中学校的学生需要度假、娱乐，但上海市区缺乏旅游资源，就必须靠附近几个城市如苏州、杭州的风景名胜来互补，从而也产生了沪宁、沪杭铁路线上巨大的人流。因此可以说，互补性存在的前提在于区位或区位间的社会人文资源与自然资源的差异性。但是必须指出，仅存在于一地的某种资源并不可能流动迁移，只有当另一地需要这种资源时，才有可能使两地发生互补性的联系和往来。

移动性，指要素必须具有可以在两地之间运动的性质。影响要素移动的主要障碍是移动时间和成本耗费两极之间的距离。交通不发达的城市群，移动性就差。空间相互作用遵循"距离衰减规律"，即空间相互作用强度随距离的增加而减小。城市群的移动性极其复杂，有人流、物流、信息流和金融流等类型。这种移动性受到城市本身的吸引力以及扩散强度的影响，也与移动时间、花费多少密切相关。

由于社会生产力的进一步发展，地区生产力的合理集中化，城市的生产与生活进一步社会化、现代化，各地区的生产专业化与协作化特征越来越明显。这就要求加强各城市之间的生产、文化和科学技术等的联系，增加交流的信息量，增强城市群的互补性。人们可以充分利用相对集中的特大型城市和大型城市的雄厚经济实力促进中小城市的发展，带动地区经济发展，这样同时也加强了特大城市本身的经济基础。现代城市群及其区域发展特征与趋势概述如下：一是城市群体内应当强化经济联系与生产协作和科技文化的联系；二是发展跨市域的、共同的区域性基础设施，强化交通通信，加强城乡联系；三是有共同开发、合理利用自然资源与发展经济贸易市场；四是有比较密集的人员、物资流动联系和信息传输与通信往来等；五是加强专业化生产和劳动地域分工，使城市群内各个城市发展具有鲜明的特色，并得到整体繁荣与发展。

因此，可以这样认为，城市群地区城市的集聚与分散都是城市化水平不断提高的过程。发展中国家大多数城市仍然处在集聚过程，又称为产业集中、人口集中的城市化过程；而发达国家大部分城市处于分散过程，又称为城市郊区化或逆城市化过程。但是许多研究美国与西方国家城市化问题的专家学者认为，美国"城市的分散化过程是城市演化的新阶段，是经济、社会和城市化进一步发展的结果。虽然有少数城市相对甚至绝对衰落了，但宏观城市化水平是进步了、发展了。因此，城市分散过程是城市化的成熟过程而不是城市和经济的衰退过程。只要非农产业不衰退，城市就不会衰退"①。
按照彼得·霍尔（Peter Hall）的观点，美国城市目前处于从绝对离
心期向等级—规模分布演化的阶段转变，因此形成了城市分散化的
浪潮。中心城市人口大量转移到处于增长之中的中小城市，使城市
的等级—规模体系得到改善，中小城市和新开发区获得新的发展和
扩张动力。美国有学者认为城市化扩散过程也是城市群的形成发展
动态过程的一个侧面。

关于城市群或城市带的概念，不同的学科亦有不同的理解。城
市地理学家常常采用"大都市连绵区或城镇密集地带"（周一星、
崔功豪，1994）；城市规划学家则喜欢采用"城镇高度密集地区"
（周干峙、徐巨洲，1996）。经济学家与地理学家喜欢的是"城市化
地区"的城市分布概念（许学强，1995；顾朝林，1996），社会学
家则常常用"都市社群网"的人际关系概念，经济地理学家则比较
喜欢用"城市空间分布"的网络节点（nodal region）概念，还有城
市生态学家称为"城市化生态地区"等，各有千秋。李世超在硕士
学位论文《长江中下游城市地带》中介绍过法国地理学家戈特曼的
城市地带学说，然后他探讨了长江中下游城市地带形成的条件、动
力和特点，对城市群研究起到一定的作用。后来的张京祥博士对城
市群体内部结构、空间特征及发展机制作了较深入的分析，他的博
士学位论文具有一定的学术价值。在"城市地理学与城市规划学的
一些文献中，出现了城市群地区这个术语，但它并没有一个正式的
标准。最初人们常把从马萨诸塞州的波士顿到哥伦比亚特区的华盛
顿或弗吉尼亚州的里士满这一带东部沿海地区称为一个城市群地区。
在国外，日本从东京到大阪、神户的太平洋沿岸地区，英国的从伦

---

① 姚士谋、帅江平：《美国城市布局与规划动态》，《城市规划》1991 年第 4 期。

敦到曼彻斯特一带地区，也可以看作是城市群地区"。① 看来城市群的地区概念与城市密集地区的空间概念是相近的，特别是工业与交通比较发达的区域，城市之间的各种联系尤为密切，城市群比较容易在这些地区中发育成长。

第二节　城市群形成与发育机理

城市群区域内各个城市的集聚过程与扩散作用是一种复杂的社会经济现象，需要依托一定的地域基础与物质条件，包括地理区位、自然条件、经济条件、历史基础和城市基础设施等方面。从地理区位和经济因素分析，城市群的集聚过程就是建立在地域优越区位条件的城市，充分利用地区自然经济因素，成为地区经济发展的生长点和城市群集聚核心的过程。从社会与历史的因素分析，城市群的集聚就是建立一种具有城市生活方式的地域共同体，从简朴的居民点生活方式逐步过渡到现代化城市生活方式的过程，通过城市机能的综合作用，提高城市人民的工作与生活标准。从城市基础设施的建设角度分析，城市群在一定区域内的集聚与扩散，就是提高城市区域的区位综合开发强度、地区开发与建设的潜力标准的过程。这种城市群的集聚过程，既是建设多层次中心城市的一种形式，也是使地区分散建设的城市过渡到规划建设相对集中紧凑的大中城市的过程。

城市相对集中的过程又产生城市扩散，构成城市群的布局形式。芝加哥大学社会学系的学者伯吉斯（E. W. Burgess）认为影响城市向外扩散的有向心、离心、专业化、分离等因素。霍伊特（S. Hoyt）则强调了交通易达性和定向惯性的影响。在总结前人研

---

① 〔美〕沃纳·赫希：《城市经济学》，刘世庆等译，中国社会科学出版社，1990，第 25 ~ 26 页。

究的基础上，霍利（Hawley）于 1981 年提出了影响城市扩散作用的因素：一是绝对的人口压力；二是城市中心诸功能之间专业化和相互竞争的发展，把不具优势的职能向外驱逐；三是物质结构的老化；四是短距离运输方式的革命。从区域城市群集聚过程与动态变化特征分析，影响城市群生长的因素，主要有内聚力、辐射力、联系率和网络功能等。对每一个影响生长的因素都不能孤立、静止地考察，必须从各个因素的相互联系、相互作用、相互制约方面考虑。

一 城市群形成与发育的影响因素

（一）城市群体的内聚力

马克思、恩格斯对城市在社会发展中的进步作用曾经作过科学的论述，指出："在再生产的行为本身中，不但客观条件改变着，例如乡村变为城市，荒野变为消除了林木的耕地等等；而且生产者也改变着，炼出新的品质，通过生产而发展和改造着自身，造成新的力量和新的观念，造成新的交往方式，新的需要和新的语言。"[①]

自从区域城市群形成以来，城市的发展不仅加强了城市经济发展的本身功能，而且也增大了城市群体内的聚合力。"这种大规模的集中，250 万人这样集聚在一个地方，使这 250 万人的力量增加了100 倍"。[②] 马克思、恩格斯在他们的许多著作里专门论述了城市形成发展的历史作用，特别描述了英国中部的曼彻斯特城镇群工业的发展，同时也论述过伦敦、纽约这样的巨型城市。确实，在一个地区内城市聚集了大量人力、物力和财力，城市的发展还促进了交通和通信的发展；现代化城市地区的科学技术高度集聚，更促进了现

---

① 《马克思恩格斯全集》（第 46 卷），人民出版社，1974，第 494 页。
② 《马克思恩格斯全集》（第 2 卷），人民出版社，1974，第 303 页。

代交通工具、电报、传真、电报和光纤通信、卫星通信的迅速发展，增强了区域城市群的内聚力。城市群区域对国家或区域的社会经济与政治、文化生活的影响是任何地区所不能比拟的。大中城市集中了全国各地区的文化、艺术和科技队伍的精华，又是全国的经济、交通与信息的聚集地。例如，法国的巴黎集中了全国81%的晚报、78%的周报，以及73%的期刊，61%的经济力量；日本最大的百货公司、商场都集中在东京、名古屋和大阪三市；东京拥有日本80%的出版社，86%的书籍出版量。原苏联科学院有5万名科技人员，一半在莫斯科。①

城市群的内聚力还表现在城市经济活力的凝聚与经济效益等指标上。城市经济作为一个整体，其经济效益不是简单地等于各个部门经济效益、社会效益的总和，而是在所有组成部分的相互联系、相互作用中形成的综合效益。"由于城市是人群和工业高度集中的场所，有着雄厚的生产能力，发达的交通运输，先进的文化技术和灵通的情报信息，为专业化协作创造了优良的环境，而由于协作，使人力、物力、财力得以节省，劳动生产率得以提高，从而大大促进经济效益的增长。"②

（二）城市群的辐射力

瑞典经济学家、诺贝尔奖获得者缪尔达尔（G. Myrdal）对赫尔希曼（Hirschman）提出的"涓滴效应"与"极化效应"城市集聚作用做出进一步的阐述，并总结了他自己多年的研究成果，写成《循环累积因果原理》一书，在书中他提出了"扩散效应"与"回吸效应"的新观点。这对于我们研究分析城市群的辐射力具有极为重要的参考价值。

---

① 姚士谋：《市群生长因素探索》，《城市研究》1991年第3期。
② 储传亨、王长升：《城市科学概论》，中共中央党校出版社，1989，第117页。

缪尔达尔认为，某一地区（即城市体系的空间地域）社会因素的变化，会引起另一个社会因素的变化，而第二种变化反过来又会加强第一种因素变化，并导致社会经济过程沿着最初那个变化的方向运动。这就是说，最初的变动会导致具有强化作用的引申变动，并使社会过程按最初的那个变动方向做出进一步的发展。在特定城市群的空间地域内，由于地区经济增长与城市规模的不断扩大，城市群的辐射力不断加强。其变化过程一般呈现两个阶段。

第一阶段　城市群的辐射力表现为单个城市的扩散，由市区向郊区不断延伸扩散，主要是由于工业项目增加、投资扩大、基础建设水平提高等因素使城市用地规模增大，向城市边缘地区，尤其是"七通一平"条件较好的地段发展。例如：南京从泰山新村到大厂镇地段包括浦口高新技术开发区与南京大学、东南大学新校区等。

第二阶段　由于城市之间的各种联系加强（人流、物资与金融信息密度加大），形成一个地区内城市群的网状式辐射，进入更高一级的发展阶段。特别是现代化工业生产力的提高，人们对城市环境质量要求日益提高，为此，城市群体内，交通走廊发展的模式尤为显著。在这一阶段，城市群的辐射力进入新的扩展时期，有三个明显的特点：一是城市群体内核心城市的规模扩展速度快，其中心城市作用更加突出；二是城市区域内形成许多新的增长点，尤其是交通枢纽和有重要资源开发的地点，形成若干个新的工业卫星城镇或经济中心，如南京市的东山镇、板桥镇、龙潭镇等；三是城市间各种联系密度加大，交通出现频繁忙乱的现象，甚至出现许多"交通瓶颈"。在我国一些超大型的城市群，如京津唐、沪宁杭和辽宁中部区域，城市间的交通运输出现高负荷运行状况，因此交通网络成为最突出的问题。对未来城市之间的交通网络应该尽早考虑。

（三）城市群内相互联系和网络功能

城市群内各个城市间相互联系的强化与网络功能作用的加强是城市群发育成熟的重要标志。

城市之间（或城乡之间）的相互联系，在不同的经济类型区或行政区的表现形式都是不同的，带有明显的差异性。省一级的中心城市表现在其对区域的影响，主要是向心式的相互联系。附近城市和卫星城镇的居民可以乘公共汽车或火车、飞机、轮船等前往城市群内最大的经济、政治和文化中心工作、生活、参观或参加会议交流等。同时，其又具有离心式的相互联系，表现在城市间的人流、物流与科技文化信息流的传播、扩散方式上。而在中心城市以外的次一级或二级中心城市或其他大部分地区，城乡居民在向心式交往的同时，主要发展离心式的相互联系。这种形式就是由省级中心城市向外地居民提供产品、文化、教育、技术、医疗、生活、商业等方面的区域服务。与此同时，各地区所生产的不同产品，随着交通运输条件的改善、商业贸易的发展，地区之间彼此进行商品交换、调剂余缺、互通有无、相互依赖，经济联系大大增加，有力地促进各地区劳动地域分工的进一步发展与深化。所以，劳动地域分工的发展绝不是割裂生产的发展，而是联合、协调，促进生产，使社会生产逐步形成一个统一的有机整体。每一个劳动地域分工区内，都有自己的经济中心，作为经济联系和信息交流的节点，这个经济中心一般由一个中心城市或几个城镇组成，以此作为全区经济发展的核心，并成为城市群的组成部分。区内城市群的联系系统包括：省、区、县的行政经济管理技术指导系统，生产装备、技术装备和技术援助系统，文化科技教育服务系统，流动式的居民生活服务系统，邮寄和流动商业系统以及现代通信联络的技术系统，等等。建立这些功能系统，是当代城市化的普遍要求。①

　　在区域城市群内每一个城市之间以及城乡之间的相互联系不断加强，同时纵向联系也日趋紧密，城市群的网络功能向区域整体化方向过渡，其社会化功能也由低层次向高层次方向转化，逐步成为国家经济发达地区的一个重要标志。

　　城市群各个城市的功能集聚以及建立高度城市现代化环境的过程，一般都是从城市中心区向城市边缘地区扩散，然后又在边缘地区集聚建成新市镇（或工业卫星城镇），并逐步与其他城市区域交织在一起，组成更大集团化的城市群体。城市群内最大的核心城市在综合开发与现代化过程中有以下一些特点：人口增长速度和经济发展速度较快，城市内部的居民活动以及城市外部居民进入市区参观、购物与娱乐的活动频繁；大中小城市相互间的经济联系也十分紧密；城市群内各个城市的功能日趋完善化，中心城市的作用日益明显。随着城市人口与流动人口的增加，城市群之间的联系导致交通问题日益突出。

二　城市群形成与发育的相关学说及评价

　　城市群是在一定地区范围内，各类不同等级规模的城市依托交通网络组成一个相互制约、相互依存的统一体。历史上自然形成的城市群内，城市相互之间联系并不紧密，而且城市的分工协作也不好，甚至相互制约、相互排斥，只有社会生产力水平达到一定高度时，城市群体内的各个城市（尤其是核心城市）区内与区际的联系才十分密切，分工协作也经过不断调整、变革逐步向合理化方向发展。城市群最初的组合是在生产力水平不高的历史阶段上自然形成的，往后逐步发展成区域性城市群体乃至城市体系，习惯上也有将

---

　　①　王进益：《苏联城镇分布体系的建立》，《国外城市规划》1987年第4期。

未经改造建设的城市群称为城市体系的说法。在这里，城市群和城市体系都存在改造、规划、建设的问题，城市群形成发展的更高阶段（更合理化）就是在生产力比较发达时期将区域城市体系扩展成更大的城市群。

城市体系这个概念出现的时间并不长，许多学者认为，城市体系概念是在大城市扩散已经相当普遍，卫星城镇和新市镇的建设不断涌现的时期才出现的，应当是在 20 世纪 40 年代形成的。然而，有关城市群体的理论在 20 世纪初就出现了。1915 年英国城市规划学者提出了集合城市（Conurbation）的概念；1933 年德国的地理学家克里斯泰勒（W. Christaller）提出了著名的中心地学说，此后，他和韦伯等人先后提出了工业区位论，这些理论长期以来对城市地理的研究以及城市建设的理论和实践都产生了重大影响，成为当今研究城市群和城市体系的基本理论。城市地区与大都市区概念要追溯到法国地理学家戈特曼，他研究了北美城市化的空间模式，于 1961 年提出了"大都市带"（Megalopolis）概念。他指出的"大都市带"不是简单指一个很大的城市或大都市地区，而是指一个范围广大的，由多个大都市联结而成的城市化区域，是有一定的人口密度分布其间的都市地带。戈特曼的"大都市带"概念被地理学者和规划实践者所接受，并得到广泛的重视。澳大利亚国立大学曾写过一篇有关亚太地区经济与城市综合开发报告，介绍了"大都市""特大都市圈""城市群""成长三角开发走廊"的地域概念，对我们的研究颇有启发。

城市（镇）是人类社会经济活动在空间分布的集聚点，也是区域经济发展的核心和地区文化科技信息交流的一个焦点。许多不同层次的点和轴线组合成地区城市群网，城市是地区社会经济活动的中心，"起着周围地区的中心地作用，并依赖于集散输送地方产品与向周围地区人口提供货物和服务而存在"。克里斯泰勒分析了中心地理论形成的条件，探讨了中心地担负的服务范围，并采用六边形图式对城镇等级与规模关系加以概括归纳，揭示出一定的区域内城镇等级、规模、职能间关系及其空间结构的规律，并逐步形成城市群体的等级规模（大、中、小等级排列）的观点。

克里斯泰勒在考察德国南部的城市后认为：各级规模的城市是各级大小区域的中心、城市的分布存在某种规律、在地理差异不起作用的条件下城市的发展趋势等。经过长期研究，他认为对城市群体、城市等级体系起作用的是行政管理的划分、市场经济的作用及交通网的出现等三个条件。他由此得出结论：一个地区和一个国家和城市群体（或体系），按照这三种原则应当形成如下的城市等级：A 级城市 1 个，B 级城市 2 个，C 级城市 6 ~ 12 个，D 级城市 42 ~ 45 个，E 级城市 118 个。[①]

我们认为，克里斯泰勒的中心地理论重要学术价值在于，根据市场经济原则对城市等级规模作了描述，指出在一定地域内存在不同等级的城市，各级城市有着不同的职能。第二次世界大战后，他的理论和方法在新建城市居民点和交通网络的规划模型中，得到了广泛的应用和很高的评价。但是，克里斯泰勒的理论还有许多局限性，他没有完全真实地反映客观实际，对于城市群体内城市分布规律和客观存在的问题没有研究深透，对于城市形成、发展的全部社会、自然和经济因素及其相互作用的认识是不够的，这是由当时的历史局限性以及他本人形而上学思维方法所造成的。

与克里斯泰勒一样，在工业区位论的学者中，无论是最低成本学派，其代表人物韦伯（Weber）、运输费用学派爱德加·M. 胡佛（Hufer）、市场区学派夏·佛尔（Ferler）还是边际区位学派 E. M. 罗斯特朗（Rosstong）等，他们或者不考虑地理与政治条件的空间

---

① 齐康、吴楚材等:《江南水乡一个点》，江苏科学技术出版社，1990，第 18 页。

差异企图建立一个适用于任何工业部门、任何经济制度或政治制度的"纯理论"，或者过分强调一种或某几种经济因素的作用，抑或干脆否定经济原则的根本影响而认为工业区位论的确定依赖于个人的心理因素，因而各执一词，失之偏颇。总之，这些学者从宏观、微观或从历史资料的静态、动态进行分析，对各个影响工业区位的因素及其作用大小，工业区位对于城市群形成的作用，对工业区位形成和变迁的规律，提出了大量有价值的理论、分析、模型、公式和研究方法，具有一定的时代价值，尤其是对各种不同环境下现代城市的合理选址、职能及规模都有所涉及，并且在近几十年城市体系研究与建设中付诸实践，得到了较大的社会效益。"这些区位论的研究与实践，尽管其产生原因是为了资产阶级获取利润、增强竞争能力的需要，它的形成和变化受资本主义社会基本经济规律的支配，因而必然存在着谬误与缺点，但作为人类选择以最小投资来获取最大收益的场所的探讨，对社会主义城市体系的建设也是十分有益的借鉴。"①

区域城市群的形成和发展主要的原动力是地区生产力的高度集聚，开始形成若干个具有相当规模的工业点，然后逐步形成城市社会。在区域生产力发展过程中，弗里德曼（J. Friedmann）教授关于"经济增长引起空间演化"以及"支配空间经济的首位城市"的增长极理论，对于城市群的形成发展有着极为重要的指导作用。大都市带概念是根据人类聚落变迁过程的实际而形成的，其深刻含义已为许多城市规划工作者所认识。道克萨迪斯用"连片巨型大都会区"的术语来概括这种正在出现的新人类聚落形式，按照他的观点，一个国家的城市体系最终会连成一片整体的人类居住群聚落。

弗里德曼结合罗斯托的发展阶段理论，建立了自己的空间演化

---

① 张学良：《2013 年中国区域经济发展报告——中国城市群的崛起与协调发展》，人民出版社，2013，第 71 页。

模型，他认为区域城市群的形成发展可以分为四个阶段。一是沿海地区出现零星的聚落和小港口，并伴随着一部分人迁入内地。在这个阶段，生产力水平低，沿海居民点聚落继续其自给自足的农业生活方式；内陆的居民点这时是孤立状态，很少与外地发生社会、经济的联系。二是处于工业化初始阶段，空间形态产生了极大变化，出现了所谓的点状分散的城镇。这个时期，因投资少，国家只能选择 1~2 个区位优势特别的城市进行开发，选定的点可能是自然资源丰富、交通便利，或人口稠密，市场很大，开始产生集聚经济的效应。三是中心—边陲的简单结构逐渐变为多核心结构阶段，边陲的部分优良地区开始开发，逐步形成一个区域性的大市场。这就是地区城市群发育的经济基础。四是城市之间的边缘地区发展很快，区域性基础设施以及工业卫星城也发展较快，城市之间的经济、文化科技联系比较深广、密度大、负荷重，产生城市相互吸引与反馈作用。[①]

　　在 20 世纪 70 年代末期，美国梅隆大学计算机科学系的西蒙教授（Herber A. Simon）在荷兰一次国际学术会议上提出：大规模系统的聚合模拟实验，分析了宏观社会经济系统的各个层面与形成因素，对我们研究城市群体的系统性与空间性具有深刻的启迪。他比较现实地提到，研究社会宏观系统面临两大困难：一是系统的机理不清楚或者不完全清楚；二是系统中的要素数目以及它们之间的相互作用量如此巨大，以致现有的计算机设备尚无法处理。我们研究的城市群特别是城市之间、城乡之间的物流、人流、资金流、信息流及文化科技等方面的交流，一方面数字采集十分困难、十分艰巨，另一方面收集量处理的准确性也十分困难，使我

Fried, J. and Alonso, *Regional Development*: *A Reader* (Cambridge: Mass. MII Press, 1964); *Urbanization*, *Planning and National Development* (London: Sage Publications, 1973); *Territory and Function*: *The Evolution of Planning* (London: Edward Arnold, 1976).

们的研究仅仅反映城市群的一种相对数据的某些层面的现象，难以概括其总体。西蒙指出：假若我们感兴趣的仅仅是它们特性化精确度的某些集合方面，这时就可以采用适当的聚合模型预言这些集合，我们的知识及信息足以满足对提供简单模型的机理与参数的需要，而对详细的模型却是不够的。借助这个模型，可以预测美国各大中城市未来的人口，简单的二次方程也可以预报美国城市的规模分布以及城市的相互作用（即城市间的各种经济、社会联系与交流），体现城市间规模系统的聚合力。

第三节 城市群空间结构演化：
诱因、特征与机制

动态演化是城市群空间结构的核心特点。也正是由于系统演化过程的阶段性，才使得城市群的概念过于混乱，根据历史的演化顺序和地区的发展特点、概念的多样性给分析城市群问题带来认识上的复杂性，但同时也说明不能用统一的标准去衡量城市群，而应该从动态演化的角度去把握城市群的共性和本质特征。

一 城市群空间结构的动态变化及其诱因

城市群功能的生长方向受到既有联系的极大影响，不均衡的空间结构也由此而形成。城市之间的联系，既包括建立在禀赋基础之上的自然联系、依存于人类发展历史和人口结构分布的社会相互联系以及与整体制度相关的政治、行政和组织联系，还包括与工业化进程密切相关的经济联系（见表 1 - 1）。工业化阶段的演化，赋予城市之间的经济联系丰富多变的内容。Peter Hall（2004）将 1990 年和 1960 年进行了对比，认为 1990 年的城市世界是一个完全不同的世界，它至少包括两方面的含义：一是在经济全球化竞争的世界里，城市在不断寻求重新界定他们的经济功能，旧的功能已经丧失，正在寻找新的功能以代替其位置。失去的功能是在货物制造和处理方面，新的功能包括了信息的创造、交换和使用。二是城市的分散化和向外扩散形成了由人流和信息流联系起来的、复杂的城市系统。在这个城市系统中，不同的组成部分都同样地卷入了一个摒弃旧活动、获取新活动的过程。

表 1-1　城市联系类型及联系要素

联系类型	联系要素
自然联系	道路网络/河流和水运交通网络/铁路网络/生态的相互依赖
经济联系	市场联系/原料和中间产品流/资本流/生产的前向、后向和侧向联系/消费和购物类型/收入流/部门和区域间的商品流
人口运动联系	暂时和永久的迁移/工作旅行/技术相互依赖
社会相互作用联系	出访/亲戚关系/习俗、礼节和宗教活动/社会团体的相互作用
服务传输联系	能源流和网络/信用和财政网络/教育、训练和推广联系/职业、商业和技术服务类型/运输服务系统/健康服务救护系统
政治、行政和组织联系	组织结构的相互关系/政府预算流/组织的相互依赖/权威—批准—监督/司法部门间交流/非正式的政策决策链

资料来源：朱英明：《城市群经济空间分析》，科学出版社，2005，第 4 页。

Peter Hall（2004）认为，相对而言，这个城市世界是如此的新鲜，要领会如何去模拟它是不容易的。他分析了引起城市及其相互之间联系发生变化的多个因素。

（一）全球化

全球化所导致的空间布局变化取决于和"地方化"产业组织与

要素资源的互动情况。这其中隐含着新环境下形成城市群的条件发生了变化。随着生产和贸易全球化的不断深入，世界价值创造体系在全球出现了前所未有的垂直分离和再构（张辉，2004）。20世纪70~80年代，许多发达国家的传统制造业城市经历了大规模逆工业化，以应对世界价值创造体系的垂直分离过程。另一端的再构过程，则发生在地方化层面上。具体而言，价值创造体系的地方化重构，取决于国家比较优势和企业竞争能力之间的相互作用，以满足国际商业战略的竞争需求。国家比较优势的分布，由区域资源禀赋差异来决定，因此受比较优势吸引的要素流动必然是不均衡的。然而，在全球化时代，单纯依靠比较优势还不足以成为城市群形成的条件。城市群的形成是为了构建一种功能与结构均成体系的区域竞争优势。所谓区域竞争力是指区域内各主体在市场竞争的过程中形成并表现出来的争夺资源或市场的能力，区域的综合竞争力包括产业竞争力、企业竞争力、科技竞争力、国民素质竞争力以及城市竞争力。在这些竞争力构成中，尤其以企业竞争力和城市竞争力更为重要一些。企业竞争力优势与区域比较优势共同决定了区域产业竞争力。在生产组织变革和信息化重组空间结构的影响下，资源禀赋唯一决定区域差异性的作用逐步下降，取而代之的是集聚经济、转运成本与资源禀赋共同决定区域之间的差异性（见图1-1）。特别是当资源禀赋条件日渐式微时，集聚经济和转运成本在决定区域差异性中的作用将越来越重要。集聚经济是产业专业型的基础；转运成本是产业链垂直分解后扩散布局的体现。它们首先会强化核心城市在联结产品价值链中各价值创造环节的枢纽地位；其次，使得城市之间由等级决定的垂直联系转变为由价值链重构决定的网络联系，并带动以物流为主的城市基础设施的建设。总之，增强区域竞争力是驱动城市群形成的根本动因；而通过重构价值链获得竞争优势，取决于城市密集地区内部建立起互惠互通的网络联系。所有这些，都成为识别当代城市群的全新标准。

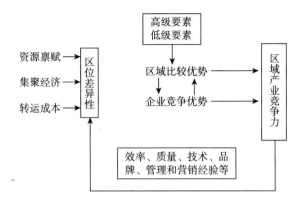

图 1－1　当代城市群形成的区域竞争动机与影响因素

资料来源：魏后凯：《比较优势、竞争优势与区域发展战略》，《福建论坛》2004 年第 9 期。

（二）第三产业产业化和信息化

尽管我国城市群起步晚于西方发达国家，但是它们所面对的威胁都来自全球性的竞争，这促使城市群在发展中率先缩短工业化进程，实现向信息化生产模式的根本性转变。在此过程中，城市功能与产业结构的转变对于整个城市群的形成具有先导性作用。通过使自己适应新的国家劳动分布，城市做出的反应是重点吸引和发展诸如银行、金融、商务服务、公司总部、政府机构、旅游业以及创造性产业和文化产业等高端服务业（Peter Hall，2004）。产业结构调整与城市功能演化，是为了适应开放经济下跨国公司区位选择的需要，旨在通过降低要素成本、国际运输和通信成本、挖掘市场潜力、弱化关税和非关税壁垒、改善基础设施条件和政治经济文化环境以及政府政策等，增加对跨国公司投资的吸引力。与此同时，随着信息化的发展，由服务业主导的城市产业空间也会呈现出一些新的变化动向，从而引起城市群空间范围的相应变化。其典型的一个特点就是城市群空间范围存在某种虚拟化的倾向。Peter Hall（2004）指出，在全球层面上正在形成一个新的城市等级结构，但是他同时也承认，城市在这个等级体系中的地位判定标准到现在还只是在实验性的情况下进行研究和测量。由于处在这个等级体系中的城市定位遵循的是信息经济的组织逻辑，因此不适用于套用过去的任何模式。城市之间信息交换和知识处理的联系所产生的规模经济和集聚经济，既可能向着进一步集聚的方向良好地运作，也可能在重要的国际势力控制下形成新的区域并被修正。从这个意义上看，对城市群空间范围的界定难以找到确切的标准。

（三）向心性和多中心性的城市区域供给机制

产业与功能的专业化，既加剧了特定功能吸引要素流动的向心性程度，也使功能中心的衍生成为区域性的普遍现象。早在1961年，戈特曼在提出大都市带的概念时，洞察了伴随高度城市化过程的多中心倾向。21世纪初，普遍的城市形式对城市区域进行了功能性的结构重塑，所以从演化的角度来看，它通过多中心化的过程得以容纳更大的规模经济。多中心化造就了区域的一种特殊形态——城市区域，它通过"集聚—扩散—集聚"的过程，充当着现代城市群形成的内在机制。节约成本和利用集聚经济是产业分布中多中心空间结构的来源（杨帆，2005）。对次中心及其相互之间关系的研究，为衡量和评价城市群发展质量提供可行的视角。对区域和城市层次的次中心确认主要依赖人口和就业数据。例如，Baumont、Ertur和Gallo（2003）运用探索空间数据分析方法，试图通过比较临近地区的就业和就业密度，将这两个指标都超出周边地区的区域确立为潜在的中心，并根据其各自的经济表现区分出中心以及非中心地区，从而将余下的潜在中心确认为次中心。很显然，这种分析方法具有一定的主观性，对潜在中心的判断依据在于区域发展的整体水平，并且单纯的就业密度测算不能把握多个中心之间通过"集中式扩散"而形成的复杂多项流动和互补合作关系。

二　城市群空间布局的若干特征

姚世谋、陈振光和朱英明等概括了城市空间布局的主要特征。

（一）城市群空间布局形成发展过程中的动态特征

城市群体各类不同性质的城市，其规模、结构、形态和空间布局都处于不断变化的过程之中。首先，首位城市的变化影响着区域性城市群的每个城市；其次，影响地区经济集聚的要素，诸如工业项目的布局集中、人口集中、技术力量集中和基础设施集中等，都将使城市群获得明显的规模经济。

（二）城市群空间布局具有区域城市的空间网络结构性

城市群不是城市单体，具有更广泛的空间网络结构性，主要反映在地区内各个城市规模的大小、城市群网的密度以及城市之间相互组合的形式上。城市群的空间网络结构性，有三个要素，即城市群网络的大小、城市群网络的密度以及城市群网络的组合形式。这三个要素反映了城市群网络结构的基本特征，说明每一个城市在城市群内具有特定的联系，城市群整体结构反映各个城市在一个群体内的集合功能以及形成的千丝万缕的网状关系，其间既存在城市个性的发展，又产生相互作用的共性关系。

（三）城市群空间布局具有区域内外的连接性和开放性特点

任何一个城市的形成和发展都不可能脱离区域的内外部交流平台，而且随着生产和市场经济的发展，这种相互联系的强度会越来越强。正是因为城市差异性的存在，并且这种差异还会随着城市规模的变化而拉大，所以任何城市都不能孤立地发展，需要广泛地发生区际联系，实行对外开放，引进新的机制，才能使各个城市在区域比较之中，认清自己的优势，克服自己的劣势，求得生存和发展。

（四）城市群内的城市具有相互吸引集聚和扩散辐射功能

在特定的地区范围内，首位城市起着核心作用，具有较强的吸引功能，随着交通运输网的进一步完善，集聚和扩散规律几乎是同时发生作用。在城市群层面上，则是以物资、人员、技术、金融、信息等形式通过经济协作网络和运输通信体系发挥集聚和扩散作用，实现集聚效益和扩散效益的有机统一，使城市群体的整体功能得到更好的发挥。

三　城市群空间结构演化机制

（一）交通运输网络的引导机制

交通运输网络在城市群空间布局中发挥越来越重要的作用。研究不同类型交通运输网络的影响效应，对城市群空间布局的变化给予合理的解释，并通过总结城市空间布局变化的规律性特征，可以为规划和实施城市群发展战略提供客观的依据。在对外开放方面，航空网络通过向区域空间传导来自外部的影响，在城市群的形成和发展中扮演重要的角色。1990 年之后，与以往通航的经济中心城市数量在逐渐增多，而且通航的旅游城市开始出现。在经济影响方面，东部地区率先开放，通过制定市场换技术的政策，吸引了大量来自欧洲和美国的产业资本。数据显示，1990～2002 年，东部地区与欧洲和美洲的货运量占比分别从 17.4% 上升到 28.7%、从 13.1% 上升到 20.9%。有外力推动的工业化，加快了东部地区的城市化进程。作为一种高度城市化现象，城市化的快速发展，使城市群的形成具备了初始的基础条件。王成金和金凤君（2005）认为，21 世纪初，我国对外联系仍遵循了 1996 年的基本态势，但是也发生了一些变化，典型的特点是对外联系的交流内容开始进入政治、经济和文化联系等综合发展的阶段。航空网络联系先是由少数特大型城市来缔结的，这些特大城市同时是区域内的首位城市，因此这些城市的对外交流的形式和程度往往影响到整个区域对外开放的层次。在区域内部，影响城市群空间结构变化的交通因素是高速铁路网络。它对航空运输方式具有一定的替代性，对于集聚和疏散庞大的商务客流以及形成依托高铁站这样一个进出城市的门户，形成充满各种城市活动的"白昼社区"（Day-time Community），对于城市空间的延展和新增长中心的崛起有着不容忽视的作用。同时，高速铁路对客流空间的重构，主要表现为通道型连接的运输速度，带来城市间空间相对位置的变形，由此会带来更大的特定城市之间的互补性（王缉宪、林辰辉，2011）。

（二）郊区性的空间拓展机制

城市群的出现，是城市空间得到拓展的具体体现。郊区化是城市空间拓展的过程机制，只有当郊区化后足以供给一个新的增长中心时，城市的空间结构才会发生质的变化。这意味着，郊区既在某一方面对城市中心形成互补，同时还与城市中心存在某种竞争关系。一方面郊区将改变原有的城市农业附庸的地位；另一方面郊区逐渐有能力去承担原本由城市中心负担的功能（徐和平，2007）。这一过程是通过产业扩散来实现的。以美国为例，第二次世界大战后的城市空间结构发生了革命性的变化，美国的城市向外扩散，大量的郊区次中心开始在城市边界涌现，最终形成了多中心的城市空间结构。郊区化为城市空间组织演变带来巨大而深远的影响，促使城市空间发展由原来的向心集中转向离心分散，使城市的人口分布和经济活动在更为广阔的地域范围内展开，城市的各项职能进一步分化和重组（谢守红，2004）。魏后凯（2007）概括了郊区化引发的功能分工格局，即在大都市区内，大都市中心区着重发展公司总部、研发、设计、培训以及营销、批发零售、商标广告管理、技术服务等环节，由此形成两头粗、中间细的"哑铃形"结构；大都市郊区（工业园区）和其他大中城市侧重发展高新技术产业和先进制造业，由此形成中间大、两头小的"菱形"结构；周边其他城市和小城镇则专门发展一般制造业和零部件生产，由此形成中间粗、两头细的"棒形"结构。

四　城市群经济效应

（一）城市群产业集聚

集聚和扩散是城市群发育的重要机制。新经济地理学的观点认为，产业集聚和扩散取决于本地市场效应、价格指数效应和市场拥挤效应的共同作用（李瑞林，2009），前两者均属于引致产业集聚的力量。

本地市场效应又称为后向联系，是指垄断型企业选择市场规模较大的区位进行生产并向规模较小的市场区出售其产品的行为。这意味着，快速发展的城市化会加速这种类型的产业集聚，表现出产业追随人口聚集的特点。在城市密集的地区，不同规模的市场所吸引的产业类型、产品种类以及产业链的具体环节都会存在差异。为了竞争较大规模的市场，企业和企业、产业和产业之间充满了竞争。所以，集聚本身就内生着一股扩散的力量，这种力量最终导致了经济活动的空间分布模式。

价格指数效应，被称为前向联系，是指企业的集中对当地居民生活成本的影响。在企业比较集中的地区，由于本地生产的产品种类和数量比较多，从外地输入的产品种类和数量较少，从而使消费者能够从较低的生活成本中受益。这种类型的产业集聚，主要体现为产业发展对人口集中的正向促进作用。

在城市化过程中，普遍存在人口集中与产业集聚的互动作用，但是城市群的形成与发展不是一种区域性的普遍现象，或者在不同的地区中存在发展上的时间先后。这是由市场机制的发育、基础设施条件、对外开放程度以及地区市场的垄断和保护等方面的差异，影响了区域一体化并制约城市群的形成和发展。由于产业集聚具有自我增强的特性，所以城市群发展到高级阶段就会出现经济增长的极化现象。王红霞和王桂新（2005）通过对长三角地区的研究发现，当我国的改革中心转向城市之后，工业企业集中度的增加对人口城市化的加速发展做出了重要贡献。但是，具体到两省一市，情况又有所不同。对上海而言，由于受到控制大城市规模的政策限制，所以其人口的城市化主要是通过工业布局优化和对土地的经济利用而实现的。在江苏，工业企业集聚对人口城市化的正向影响相比工业化而言要更为持久，并在一定程度上弥补了市场化滞后的不足。浙江的情况类似，其人口城市化也受到工业企业集聚的积极影响。当市场开放度减弱之后，企业或产业集聚对人口城市化的促进作用也相应减小。长三角地区的例子表明，无论是从微观的企业行为来看，还是从城市突破行政边界限制的区域化发展角度来看，市场化都是一个核心的影响因素。它不仅为产业集聚创造要素流动上的条件，而且自由交易的产品市场也是至关重要的。否则，产业集聚的两类吸引机制，就会因为市场规模不足和消费空间过于狭小而受到抑制。因此，城市群能否受益于产业集聚，主要还是看城市化与产业集聚之间能否建立起良性的互动关系。

由于城市群是大、中、小城市共同构成的功能一体化集合体。在新的历史条件下，城市群空间呈现出大城市深度拓展与中小城市强势整合的特征（唐茂华，2005）。从产业集群的角度来分析，这说明了规模不等的城市所依托的集群类型也不尽相同。伴随着城市功能的专业化和高级化，城市群嵌入竞争空间的尺度范围也将逐步扩大。就城市群存在的空间尺度而言，Friedmann 和 Wolf（1982）认为除了地区性和国家性城市体系以外，还可能存在跨国城市体系和全球城市体系。这意味着，产业链在发生价值裂解之后，将根据所能扩散的空间范围而进行区位上的重新配置。制造业各环节、金融机构及服务业等在扩散的同时也在寻找和选择各自的最优区位，同时为了管理、控制和服务分散的经济活动，又会涌现出新的集聚形式，即生产服务业在世界城市的集聚（苏雪串，2009）。由此可见，城市群与产业集聚之间具有协同演进的关系。

（二）城市群规模经济

规模经济是城市群存在的基础，主要体现在以下三个方面。一是城市化是协调经济多样化消费之间两难冲突的平衡机制。解决这种两难冲突的办法是使人口规模变大，而国家和区域之间的专业化生产和自由贸易具有这种功效（江川，2008）。这意味着，城市化的启动充当着规模经济和多样化消费之间协调的过程机制。当然，具体在怎样的人口规模水平上能够达到均衡，还取决于由交易成本决定的区域间专业化生产和贸易规模。二是城市群的规模经济是一种超越微观层次的空间规模经济。这种空间层次上的外部规模产生于企业外部，学术界将其归因为产业集聚。三是城市群规模经济还特指一种消费集聚经济。空间交易成本节约是功能专业化的前提，产业集聚之间高效率的联系机制有助于降低空间性的交易成本。

城市化带来消费水平的提高，专门为消费者服务的产业也呈现出集聚趋势。赵晓民、王文革、陶咏梅（2007）认为，在商业企业的经营活动中同样存在规模经济，这种规模经济是指随着经济规模的扩大，商业企业出现成本下降的趋势。在商业集聚区内商业企业的规模经济可以从两个层次体现出来，一是单个商业企业本身经营规模的扩大带来单位经营成本降低的趋势；二是在集聚区域内随相关商业企业数量的增加，企业间依存关系的存在使区域内商业企单位经营成本呈现降低的趋势。集聚的规模经济指的是第二个层次。由于许多店铺集中在一个紧凑的区域，形成的商业聚合能满足各个层次、各种偏好消费者的需要，吸引大量的消费者光顾，提高区域内商品的销售数量，因此可以通过区域内的企业联合批量购买，使产生成本降低。

第四节　城市群整合发展的理论分析

一　可持续发展理论

1987 年，时任联合国世界环境与发展委员会主席的挪威首相布伦特兰夫人在其报告《我们共同的未来》中，把可持续发展定义为"既满足当代人的需要，又不对后代人满足其需要的能力构成危害的发展"。并提出了人类发展的原则：建立一个可持续的社会，尊重并保护生活社区，改善人类生活质量，保护地球的生命力和多样性，维持在地球承载力以内，改变个人的生活态度和生活习性，使公民团体能够关心自己的环境，提供协调发展与保护国家的网络，建立全球联盟。这一原则得到了广泛接受，并在 1992 年联合国环境与发展大会上取得共识（郑度，1994）。

有些学者对这一定义做出了许多有意义的补充，认为可持续发展是"不断提高人群生活质量和环境承载能力的，满足当代人需要又不损害子孙后代满足其需求能力的、满足一个地区或者一个国家的需求又未损害别的地区或国家的人群并满足其需求能力的发展"。美国世界观察研究所所长莱斯特·R. 布朗教授认为，持续发展是一种具有经济含义的生态概念……一个持续发展社会的经济和社会体制结构，应是自然资源和生命系统能够持续维持的结构（郑度，1994）。

可持续发展的根本就是经济、社会的发展要与资源、环境的互相协调，其核心是生态与经济的互相协调。在研究城市群整合的问题上，满足可持续发展的要求，解决好发展资源在当代与后代之间，以及城市群内各地域单元之间的合理配置，并达到人口、资源、环境、经济、社会、生态之间的高度和谐，当是首要的宗旨。

二　系统理论

美国的贝塔朗菲在 1937 年提出了一般系统论的初步框架，并于 1955 年出版专著《一般系统论》，成为该领域的奠基性著作。一般认为，系统是由若干要素以一定结构形式联结构成的具有某种功能的有机整体，它包含了系统、要素、结构、功能四个概念，表明了要素与要素、要素与系统、系统与环境三方面的关系。系统论的核心思想是系统的整体观念。任何系统都是一个有机的整体，它不是各个部分的机械组合或简单相加，整体大于部分之和。系统中各个要素不是孤立存在的，每个要素在系统中都处于一定的位置，起着特定的作用，要素之间相互关联，构成一个不可分割的整体。系统论的基本思想方法是把所研究和处理的对象当成一个系统，分析系统的结构和功能，研究系统、要素、环境三者的相互关系和变动的规律性（袁嘉新等，2007）。

城市群这个城市—区域系统由经济、社会、自然、政治、文化、环境等要素单元组成，每个要素单元又由更小的要素子系统构成；该系统还由多层次的城市地域单元组成，每个地域单元由更小的城市—区域子系统构成。城市群的子系统之间相互影响、相互作用、相互制约，共同组成一个开放的、复杂的城市—区域系统，这一系统具有一般系统的基本特征和其自身的独特性。该系统同样具有自组织和自我发展能力，通过强大的人工调控和系统自身的组织发展机制，完全可以使系统不断地完善与整合。由于城市群系统及其子系统本身的开放性，外界的干扰会影响其完善与整合。为此，需要对城市群整合的支撑平台进行优化，从而减弱外界的负面干扰，保证城市群及其子系统不断走向完善与整合。

三 现代经济增长理论

城市群建设的主要人物之一是发展城市区域经济，现代经济增长理论是城市群整合研究的重要理论来源。现代经济增长理论经历了 20 世纪40~50 年代的哈罗德—多马模型和 60~70 年代索洛模型的重大进展之后，进入了相对停滞的时期。但近几年，在经济增长理论方面又出现了一系列新的突破，我们称为新经济增长理论（陈辉，2002）。

新经济增长理论的内涵主要包括以下几点：一是知识和资本一样，也是一个生产要素。一般知识产生外在经济效应，专业化知识产生内在经济效应。知识或技术可以提高投资收益，具有递增的边际生产率，这就保证了长期稳定的经济增长，从而也说明了知识积累是经济增长的主要源泉。在经济增长过程中存在投资刺激知识积累，而知识积累反过来又促进投资的良性循环。二是新经济增长理论将人力资本因素引入经济增长模式。罗伯特·卢卡斯认为，专业化的人力资本积累是经济增长的重要源泉（陈辉，2002）。他将人力资本划分为两类：一类是阿罗型人力资本，即在工作中训练与积累经验形成的人力资本；另一类是通过学校正规教育获得的人力资本。通过学校正规教育获得的人力资本所产生的是人力资本的"内部效应"，而边干边学所产生的是人力资本的"外部效应"。三是专业化的知识和人力资本的积累可以产生递增效益及其他投入要素的收益增加，从而使总的规模收益递增。这突破了传统理论关于要素收益递减或不变的假定，说明人力资本是经济持续增长的永久的源泉和动力所在。四是经济增长主要取决于知识积累、技术进步和人力资本的水平，知识、技术和人力资本水平高的国家其经济增长率和人均收入水平就高，反之就低。在当前世界经济发展中，各个国家的经济增长率和人均收入差距越来越大的主要原因，就在于各国在知识、技术和人力资本积累方面存在巨大差异。五是对外开放和国际贸易可以产生一种"溢出效应"，不仅可以增加世界贸易总量，而且可以加速世界先进科学技术、知识和人力资本在世界范围内的传递，使参加贸易的各国在知识、技术和人力资本水平方面得到提高。国家之间的贸易不是一个一方受益另一方受损的"零和游戏"，而是双方收益的"正和游戏"。六是强调劳动分工和专业化经济在经济增长中的作用。如果由劳动分工引起的商品交易的效率提高，均衡的分工水平会上升，反过来会扩大交易规模，进而又提高交易效率，而交易效率的提高又会进一步提高均衡的分工水平，这是一个不可逆的增长过程。七是政策对经济增长有重要作用，并总结出一套支持长期增长的政策，如支持教育、刺激对物质资本的投资、保护知识产权、支持研究与开发工作、实行有利于新思想形成并在世界范围内传递的贸易政策，以及避免政府对市场的扭曲等。

现代经济增长理论为城市群的城市竞争力整合和经济整合提供了理论素养。城市群地区必须凝聚和整合新的经济增长要素，重视知识的积累、技术的进步和人力资本水平的提高，全面提升城市群的经济实力，并通过科学的劳动地域分工与产业分工，在保障政策的支持下，使城市群成长为统一、协调的地域发展实体。

四　竞争优势理论

该理论包括三个不同的层面：一是市场竞争优势理论。在以实物生产为主的经济发展阶段，市场竞争主要是产品竞争，产品成本是竞争的决定性因素。因此早期对竞争力分析的焦点集中在这一方面。有代表性的理论是亚当·斯密基于资源禀赋而建立起来的绝对成本优势与李嘉图的相对成本优势及马歇尔的集聚优势理论。时至今日，这一观点仍是建立市场竞争力优势的主要基础（腾藤，2001）。二是国家竞争优势理论。世界经济论坛和瑞士洛桑国际管理发展学院的观点认为：竞争力是在自由及公平的市场环境下，国家能够在国际市场上提供好的产品、好的服务，同时又能够提高本国人民生活水平的能力（倪鹏飞，2003）。在资源禀赋意义下降的情况下，强调贸易竞争力的重要性，即一国生产的产品和提供的服务必须经过国际市场的检验，才能证明其是否具有竞争力。此说可延伸至区域层面。三是产业竞争优势理论。1990 年，美国著名经济学家迈克·波特在《国家竞争优势》一书中，创立了产业竞争优势理论，认为一国或一城市产业国际竞争力的状况取决于企业在当地所处的竞争环境。产业的生产要素条件、本国需求条件、相关产业的国际竞争优势、企业战略结构与竞争程度四个方面相互影响、相互加强，共同构成一个动态的激励创新的竞争环境（Porter，1998）。该理论对城市群整合具有广泛的指导意义。城市竞争力的整合，竞争优势的培育应该是全方位的，市场竞争产生外部竞争优势，区域（国家）竞争产生地域竞争优势，产业竞争产生内部竞争优势。

五 劳动地域分工理论

劳动地域分工理论认为区域或国家之间生产要素的差异是形成区域分工和贸易的主要原因（高洪深，2002）。区域的资源禀赋、技术水平以及历史、文化基础等自然、经济、社会、文化条件的差异性和互补性，是城市群形成的必备前提和动力，更是城市群内部地域分工的重要基础和促进因素。

城市群的形成过程伴随着城市群内部劳动地域分工体系的形成，城市群内部各个城市、各个地域逐渐形成基于区域优势的区域职能。分工与合作是相伴而生的，城市群内部更是如此，随着城市群内部地域之间分工的不断深化，日益突出的区域经济发展专业化倾向导致地域之间相互依赖程度在不断加深，各地域之间在分工的同时必然寻求相互之间的合作与交流。城市群内部地域合作的主要方式有：相互消除地域之间要素流动的种种障碍，促进要素资源向最优区位流动，形成区域内部自由竞争的市场体系；通过区域内部企业的兼并与重组形成合理的区域产业链条；通过产业的合理有序转移形成产业的合理布局。而这些恰恰都是城市群整合的重要内容。

六　空间相互作用理论

地球表面的各种要素在空间上是分散的，相互作用使它们组合成一个有机整体，通过在城市之间的迁移、流动、交换等空间作用过程，人口和产业活动被组合在一个统一的系统中，从而有序地推动城镇化的进程。美国地理学家 E. L. 乌尔曼首先认识到空间相互作用的一般原理，在前人研究的基础上提出了空间相互作用的三个基本观点，即互补性、移动性和中介机会（E. L. Ullman，1957）。互补性存在的前提是区位或区位间的社会人文资源与自然资源的差异性。但是必须指出，仅存在于一地的某种资源并不可能流动迁移；只有当另一地需要这种资源时，才有可能使两地发生互补性的联系和往来。移动性是指要素必须具有可以在两地之间运动的性质。影响要素移动的主要障碍体现在移动时间和成本耗费上两极之间的距离。空间相互作用遵循"距离衰减规律"，即空间相互作用强度随距离的增加而减小。中介机会指空间中存在的质点及其对原空间作用的干扰机会。互补性、移动性和中介机会相互影响，共同发挥城市群空间的相互作用。每个城市都有自己的经济场、能量场，众多的城市场在空间中是相互叠加的，资源与劳动力的配置、水平和垂直分工的格局、产品的升级和市场的拓展等均相互影响。

正是城市群内部各城市的相互作用，各城市间表现为相互依赖的关系，单个城市才会在城市群综合作用场中发挥自己的区位优势、突出自己的功能特色。城市群的能量场在空间上的高度聚集和有效组合必然会产生质的飞跃，形成壮观的规模效应，对周边地区产生强烈的辐射作用。城市群区域内城市之间、城市和区域之间的空间相互作用是一种复杂的社会经济现象。每个城市的发展既要有个性特征，同时又要加强与城市群内其他城市之间的分工与合作，一方面要加强城市群的内聚力和辐射力，以提高关联度和网络功能，促进城市群的生长发育；另一方面，城市群体的发展又会反过来带动城市更快地发展。

七　区域空间发展理论

空间发展理论是地学基础理论最主要的一个"集群"。以下理论对城市群整合有着一定的影响。

（一）中心地理论

中心地理论是由德国的 W. 克里斯泰勒提出的（W. Christaller，1993），后经廖什、嘎里逊、贝里、哈格特、格拉逊、戴西、普赖德等的进一步完善，基本形成了比较完整的体系。中心地的等级表现为每个高级中心地都附属几个中级中心地和更多的低级中心地。随着中心地等级提高，中心地数量也愈来愈少，服务半径逐渐增大，提供的商品和服务种类也随之增加。而决定各级中心地商品和服务提供范围大小的重要因素是经济距离。中心地的空间分布形态受市场因素、交通因素和行政因素的制约，形成不同的中心地系统空间模型。在城市群内部，不同的地域单元同样也可以依据一定的原则和指标体系划分为不同等级的地域系统体系，相应的，不同等级的地域系统具有相应级别的中心城市。不同等级地域系统之间的相互作用通过一定级别的中心城市向相邻级别的中心城市进行传递来完成。

（二）增长极理论

增长极理论首先由法国经济学家 F. 佩鲁（F. Perroux）提出。增长极是具有推动性的实体单位，或具有空间集聚特点的推动性单位的集合体（周一星，1995）。在产业方面，增长极通过与周围地区的经济技术联系而成为区域产业发展的组织核心；在空间上，增长极通过与周围地区的空间关系而成为支配经济活动空间分布与组合的重心；在地域形态上，增长极就是区域的中心城市。增长极对于区域发展至关重要，通过支配效应、乘数效应、集聚与扩散效应对区域发展产生组织和带动作用。增长极力量的强弱直接影响着区域发展的效果和可持续性。面对日趋激烈的国际竞争环境，通过构建集群化（或者集团化）的区域经济集团参与国际竞争逐渐成为一种比较现实的做法。城市群顺应此种趋势并迅速发展，对地区乃至国家经济增长的贡献率逐渐增大，同时以其日渐增长的对国家经济发展产生重要支撑和辐射带动力量，逐渐取代单个城市而成长为新的区域经济增长极。城市群内部的增长，也会因发展阶段的不同和地域特点的不同，相应地出现极点式、点轴式和网络式等不同的增长模式。

（三）成长三角理论

成长三角理论最早由新加坡前总理李光耀在提议建立新柔廖成长三角时提出。成长三角由若干个（不一定是 3 个）在地理位置上相近、生产要素上具有互补优势的国家、地域或者城市构成的跨国或者国内的经济合作开发区组成，通过开展投资、贸易和技术转让，在互利的基础上进行合作，达到共同发展的目的（陆玉麒，1998）。其立论依据：一是从几何学的角度，成长三角在空间上形成一个具有稳定性的面，3 个增长极可以涵盖更大范围的空间；二是从发展经济学的角度，成长三角的互补、互动比单一增长极更具空间扩展力和规模扩展力；三是从协同学的角度，3个增长极之间通过非线性相互作用能够产生协同和相干现象，能够产生特定的时间结构和空间结构，形成具有一定功能的自组织结构，表现出一种有序状态；四是从耗散结构论的角度，成长三角往往位于国家或地区的交界处，相互之间的差异导致要素禀赋甚至思想观念、文化背景、政策体制上各具特色，这样就会超越单个增长极位于同一个国家或地区的限制，从而有助于形成远离平衡态的开放系统。成长三角的主要特征表现为：地理位置上的边缘性，合作对象的多样性，经济上的互补性，对亚太国家和地区的适用性。构建成长三角尤其要考虑该成长三角地区对外资金的吸引力，各增长极腹地对成长三角潜在与现实的支持程度，参与各方利益协调机制的建立。成长三角已成为区域经济合作的重要模式而被广泛应用，成长三角理论也是我国城市群整合中重要的指导性理论，特别对城市群产业地域系统整合有直接的实践意义。

（四）区域创新理论

创新（Innovation）的形成和扩散是经济增长的发动机，同时也是区域间经济增长和发展不平衡的一个重要原因。熊彼德（J. Schumpeter）最早提出创新的概念，他认为创新是"间断出现的现实生产手段的新组合"，包括新产品的引入（生产创新）、制造现有产品的技术变革（生产方法创新）、开辟新的市场或新的原材料来源以及引入新的生产组织形式。在有关创新研究的文献中，创新过程可以分为线性创新模式和非线性创新模式。线性创新模式表现为一项科学研究走向市场的发展过程，其表现形式为：基础和应用研究→产品和工艺开发→生产→扩散和市场；非线性创新模式认为，创新不是官方的或个人的科学和研究机构发起的，而是由客户、技术应用者、供货商或合作方发起的，它表现为一个数次的反馈过程，即重要的信息流从创新的后期阶段又反馈到早期阶段，这个过程存在紧密的内在联系。

对于区域之间存在的创新差别，创新扩散理论认为，信息传播在创新扩散和吸收过程中起着核心作用。扩散过程或者遵循相邻效应（波浪式扩散），抑或是遵循城市等级自上而下地进行。奥地利学者梅耶（G. Maier）和托特林（F. Todtling）提出了关于区域创新差别的一个构想框架。在该框架内，企业是一个开放的系统，它的内部结构和行为方式与它所处的经济环境要求和条件相联系。影响企业创新体系的因素包括外部因素和内部因素两大类。外部因素又包括与企业创新行为相关的区域环境条件，涉及研究与教育结构的状况、劳动力的技能以及同其他企业保持联系和协作的可能性、与大学和科研机构的联系等；企业所处行业的市场结构特征；政府的区域公共政策，包括技术引进政策、鼓励创新政策。内部因素主要是企业的组织和战略目标特征，他们对企业创新行为有重要的影响。企业规模以及与创新相关的资源装备，也影响创新的持续性和创新项目的规模。

区域内企业在相关功能方面的配备（研究与开发，企业计划和市场营销）和他们在生产上的共同作用，对生产创新和方法创新都是至关重要的。对中小企业来说，同大企业紧密联系一方面可以较容易获得与创新相关的资源，另一方面也可以证明他们在大企业中具有一定的作用。有关区域创新的研究表明，企业的战略目标以及管理者和雇员的观念及行为方式，对区域创新差异起到极其重要的作用。如果企业只是基于技术竞争优势以外的东西来保持市场地位，那么它的创新意识必然下降；企业管理者惧怕风险，或者雇员在变化面前持拒绝态度，都会阻碍区域内的创新。

第二章　国家城市群发展战略及布局

第一节　国家城市群发展战略

　　城市群的建设是现代城市不断发展和功能不断完善的大趋势，也是发达国家城市化发展的最重要经验之一。我国自国务院明确提出哈长城市群发展战略以后，以吉林、黑龙江两省为主体，对城市群的发展进行了规划，特别在是"十二五"规划中，更多的城市都将建设城市群作为城市发展的最主要目标。吉林和黑龙江规划的哈长城市群，先后得到国务院的批复。

　　进入"十二五"规划时期，以提高城市化率，尤其是人口城镇化为目标的城市群建设进入新一轮的规划高峰，无论是沿海还是内地，都普遍将城市化率和城市群规划作为"十二五"工作的重中之重。最近，国务院又印发了《国家新型城镇化规划（2014~2020）》，为国家城市群发展战略做出详细的规划。

　　城市群建设是我国改革开放的重要成果，也是国家工业化阶段的重要表现，它与城市及区域工业化的升级，以及产业集中化的发展都有着密切的联系。但是，任何城市群的建设都必须符合经济发展和产业布局的客观要求，强制性地在某一区域搞规模化建设，都会产生一系列的不良后果，并导致资源的破坏和生态环境的破坏。因此，我们既需要深刻地认识城市群发展对经济社会发展的重大意义，牢牢把握城镇化蕴含的巨大机遇，准确研判城镇化发展的新趋势、新特点，又要妥善应对城镇化面临的各种不利条件，防范各种风险。

一 我国城市群发展的类型

城市群是一个区域性产业关联和城市互补的群体概念，一般意义上的城市群首先要有一个或多个中心城市作为龙头，其次要以产业辐射和关联作为纽带，最后还要以产业链延伸为通道，以物流、资金流、科技流、人流为内容的多个城市的组合群体。

国际经验反复证明，城市群的形成与发展是工业化和工业文明高度发展的直接产物，不单是单纯的行政性规划。从我国的情况看，我国的城市群建设虽然发展迅速，但主要是由政府干预和政府主导促成的，因此没有摆脱单纯地做大经济和社会传统的发展模式。从这个意义上看，我国目前城市群建设，地理范畴的城市群虽然已经形成，但是经济功能配置合理、经济发展动力强劲的城市群却凤毛麟角。我国的城市群建设在功能认识领域存在诸多缺失，这使城市化被简单地理解为中心城市的"圈地运动"，这种思想严重破坏了城市资源的有效配置，同时使城市过分扩展，占用了大量农业用地。盲目地强调提高城市化率，不可避免地带来生态环境和城市建设的非均衡发展，许多城市建设规模扩大和城市人口严重膨胀，已经严重超出了城市应有的社会经济承载能力。从城市群规划的驱动力来划分，可以分为政府强力干预形成的城市群和市场干预形成的城市群两种。

（一）由政府主导建设的城市群

此种城市群主要表现为政府直接主导或强制参与城市群的建设，城市群发展需要的各种条件，包括城市规划、产业布局、交通布网、城市功能定位等，均是以政府的规划为基础，市场和公众参与的成分不大。这类城市群的建设，有其优势和劣势。优势主要表现为有国家或地方政府的财政支持，可以解决建设的经费来源，同时会有重大产业项目的参与，有通盘规划的整体性，同时也有较好的配套政策。但其中的问题也十分突出，首先是城市功能的确定难以步调一致，中心城市与紧密层、松散层的城市分工不对等，产业布局难以改变现实结构，中心城市以外的城市大多表现出对中心城市的"等、靠、要"，而缺少主动发展和调整结构的动力，市场化的因素往往被干预行为所替代，城市群的有效聚合能力难以发挥作用。这一类城市群的典型代表有以下几个。

1. 京津冀城市群

京津冀城市群是我国北方比较有代表的城市群，其建设构思始于1985年的首都总体规划，曾被称为大首都经济圈，该城市圈的设想范围延伸到石家庄、秦皇岛、太原、承德等地。规划的初衷是希望中央政府对首都经济圈，特别是首位城市北京，予以"首都财政"的特殊扶持政策。到了20世纪90年代，随着京津冀一带的城市不断发展与国家生产力布局的不断重构，首都经济圈被缩小在京津唐范围内，后又缩小至京津双中心城市圈。北京作为首都的特殊地位，其功能定位为中国的政治文化中心，天津定位为中国北方重要的工业中心。"十二五"时期，天津发展规划被国务院正式批复，被定位为中国北方的经济中心。在京津冀城市群内，以卫星城的方式，布局数十个县级市，各卫星城均以北京、天津的产业分工作为发展导向，形成京津冀产业带。但是，由于京津冀城市群主要以政府规划为导向，因此很难在短期内改变城市现实的产业布局。有数据资料显示，1985年京津两市产业雷同度超过90%，至2011年两市工业雷同度仍在80%左右，唯一变化的是服务业在GDP中的比重，北京反超天津，达到70%，而天津则远远落后于全国平均水平。

正是由于政府的过度干预，导致了在这一区域逐渐形成了经济对峙的双中心结构，北京的工业企业大部分迁移到了北京亦庄经济技术开发区，而天津武清区的国家级开发区距北京亦庄经济技术开发区最近距离仅 10 公里，沿京津高速、京津塘高速，仅国家级的高新技术产业区就达 10 多个，产业布局过度集中，产业类型过度相同，产业等级相互压制，产业效率提升缓慢成为这地区的特有现象。

京津冀城市群的现状，为我国城市群建设提供了经验和教训。城市群的发展首先要建立在产业布局优化的基础上，缺乏优化的产业空间布局只能导致区域内资源过度消耗，财力分散，并会在政府干预和保护下，破坏区域内各城市经济社会协调发展的基础功能。

2. 武汉城市群

在国家提出中部崛起的战略之后，湖北省提出了武汉城市群的建设构想，以政府强力推动的方式，在很短的时间内对以武汉为中心的城市群进行大量的投资和政策倾斜，寄希望于利用长江、京广铁路线和沿江铁路、高速公路这些已有的基础设施，快速建立起以工业和物流为主要发展方向的城市圈。但是，由于产业布局不够合理，也缺少产业链的衔接，至今建设成效不佳。

3. 中原城市群

中原城市群起始于"十一五"期间，受到了河南省的高度重视，而且还委托了国家高级智囊机构参与规划和建设。按照河南省政府的设想，建成的中原城市群应该以郑州为中心，以新乡、安阳、洛阳、开封为辅助，整个城市群呈十字形展开。中原城市群的规划完全由河南政府主导制定。在国务院批复中原城市群规划后，可以看到成效很大，区域内的经济获得了快速的发展，特别是在基础设施建设增长速度方面在全国名列前茅。郑州市作为首位城市，城市的规模扩张十分迅速，仅在"十一五"期间城市改造的速度已经超过前 20 年规模的总和。但是表面的繁荣仍旧不能掩饰发展中的"软肋"，郑州周边的城市在客观上与郑州市缺乏产业的连带或上下游关系，郑州市对周边城市的辐射能力也较弱，很难支撑整个城市群的可持续性发展。因此，城市群规划中更要突出生产力布局的优化和上下游产业链的衔接，但是至今为止这样的理念仍未有效地落实到规划和实践。目前，中原城市群的架构已初步形成，并进一步辐射到焦作等周边城市，但城市群的产业升级仍然存在瓶颈问题，主导型产业的拉动作用很弱，因此在未来的发展中产业转型还是重中之重。

中原城市群建设也给我们很多重要的启示。在经济欠发达的地区发展城市群，更要强化中心城市产业辐射的带动作用，要在城市的规划中，实现城市空间布局与产业链布局的协调，特别是以工业为主体的城市群，先导型和主导型工业要与辅城的产业建设形成密切的关系，否则，尽管基础设施投资很大，城市外观快速改善，但城市群的综合竞争力和经济实力仍难以改善。

4. 长株潭城市圈

长株潭城市圈，是中国区域面积最大的城市群，也是我国最典型的求大、求广的政府干预性规划。在这个城市群的规划和建设过程中，投入最大的是基础建设，巨额的资金流入这一领域，造就了四通八达的交通体系，但是利用率却很低。而且整个城市群内部产业分散、分工不清、支柱产业模糊、城市定位混乱，多年来一直处于停滞状态，直至 2008 年年末，其综改方案才获得国务院正式批复，长株潭城市圈成为"两型社会"的综改试点。

(二) 由市场主导发展的城市群

这一类城市群的典型代表有以下几个。

1. 珠三角城市群

珠三角城市群位于我国东部沿海的经济发达地区，是我国目前首位城市辐射能力最强，中小城市密度最大，产业发展最为快速，发展导向最为清晰，产业链关联度最紧密的城市群体，也是由市场主导发展的城市群中最有代表性的例子。从经济和产业的影响力和辐射力来看，区域内的三个首位城市分工十分明确，广州市是广东省的省会，无可厚非地承担着政治文化中心的作用，也是特大型工业企业的集中地；深圳是我国改革开放的前沿，是区域的高科技辐射中心，拥有诸如华为、中兴等数家国际知名的高科技企业，且产业链已经放射到珠三角的整个区域，市场影响力十分巨大，已经基本覆盖了国内同行业的核心市场；香港是中国乃至整个亚洲地区不可替代的金融与贸易中心，是区域内经济活动的流动枢纽。

珠三角城市群最早是改革开放的先锋，凭借国家改革开放的各种倾斜政策推动形成的，政府的直接干预远小于市场的拉动力。开放度极高的产业群体和新兴产业的不断扩张，使城市群的二级城市，如中山、顺德、惠州、江门等迅速发展，进而拉动了近百个镇级单位的城市化的跨越式发展。

2. 长江三角洲城市群

长江三角洲城市群位于我国的长三角地区，是与浙沪经济带一同诞生并肩发展的，是我国最典型的特大型国家主导城市（上海）与国内市场化程度最高的区域整合而成的城市群组合。上海是长三角地区经济发展的龙头，也是国家曾经干预最强的城市，上海的特大型产业密集度在区域内最高，与杭州、温州、台州、宁波等一同构成了国内市场要素流动最快的经济带，并拉动一批县级市成为一线或二线城市的辅助城市群体。现在，随着经济全球化和网络化的发展，浙沪城市群已经形成了大中小城市协调发展、小乡镇经济实力不断增强的多头发展格局，成为我国经济发展最为迅速的地区。

但是，诸如长三角和珠三角地区这种单纯依靠市场导向形成的城市群，也存在许多发展的困难和风险。城市群的整体技术水平还较低，没有摆脱传统发展模式的限制，除上海外，至今世界500强的企业尚无一家进入浙江，重要原因就是在区域内的经济体以分散的家庭作坊为主，产业集中度和聚合度均不高，城市群内的产业布局杂乱无章，整体竞争力不强，城市的基础设施虽然有较大发展，但是并没有实现均等化，社会经济协调发展水平甚至低于内地许多区域。

（三）由核心产业辐射带动的城市群

在我国，由重大产业带动发展的城市很多，如攀枝花、鞍山、大庆等，但是依靠核心产业拉动建设的城市群却寥寥无几，只有苏锡常城市群一个。由重大产业带动发展的城市主要是这些城市的核心产业往往是以资源开发为主，产业单一，与周边城市的产业关联度不高，因此未能形成由某一支柱产业带动发展的城市群。而苏锡常城市群之所以经过发展形成了一定规模的城市群，则是由于这一城市群的支柱产业是加工制造业。城市群体在发展之初，基本是依靠承接上海工业的外部加工，并逐步形成主导产业链的延伸链。在将近20年的时间里，又逐步成为为中心城市反向服务的反辐射城市。在城市群内，二、三线城市的经济发展步伐不断加快，县乡级城镇星罗棋布，产业分工明确，支柱产业领衔中小城市迅速发展，如昆山和吴江的微电子加工工业，张家港、锡山的轻型工业。在这一城市群内，还发育了一批"村级城市"，如江阴等。

在我国，依靠主导产业的辐射带动而崛起的城市群发展迅速，而且比较稳定，产业升级的速度和节奏均优于其他区域，高新技术的引进和开发水平处于全国前列，产业链的完整性和产业空间布局也相对良好。但是，这样的城市群在中国屈指可数，因此也应该是我国未来鼓励和引导发展的一类城市群。

二　中国城市群发展的基本形态与发展目标

本书根据《全国主体功能区规划》（2014）和《国家新型城镇

化规划（2014～2020 年）》的相关规定，对我国当前城市群的发展情况及目标进行梳理，总结我国城市群发展的主要框架，勾画我国未来城市群发展的图景。

我国城市群发展的主要原则：在城市群的发展中要按照统筹规划、合理布局、分工协作、以大带小的原则，重点发展集聚效率高、辐射作用大、城镇体系优、功能互补强的城市群，使城市群成为支撑我国经济快速增长、促进区域协调发展、参与国际竞争合作的最主要平台。城市群的构图主要包含"两横三纵"的格局，其中"两横"是以陆桥通道、沿长江通道为两条横轴，"三纵"是以沿海、京哈京广、包昆通道为三条纵轴，另外以轴线上城市群和节点城市为依托、其他城镇化地区为重要组成部分，大中小城市和小城镇协调发展的城市群发展战略格局（见图 2 - 1）。

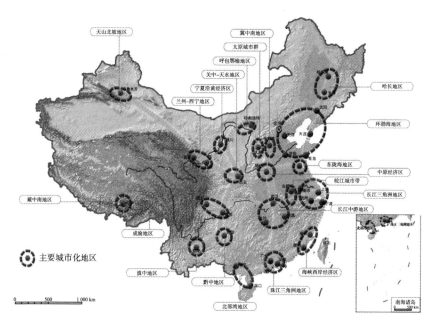

图 2 - 1 《全国主体功能区规划》确定的城镇化战略格局

（一）不断优化和提升东部地区城市群发展水平

东部地区城市群在我国城市群的布局中主要分布在优化开发的区域，大多面临着水土资源紧缺和生态环境破坏严重、要素成本急速上升、国际市场竞争不断加剧等情况，因此加快经济转型升级、空间结构优化、资源永续利用和环境质量提升是当前和未来一段时间面临的重大课题。

京津冀、长江三角洲和珠江三角洲三个城市群，是我国经济最发达、对外开放水平最高、科技创新能力最强、吸纳外来人口最多的地区，因此这三个城市群的建设要有国际化视野，以建设世界级城市群为目标，要在制度创新、科技进步、产业升级、绿色发展等方面再接再厉，争取在国际上占有一定的位置，加快形成国际竞争的新优势，能够在更高层次上参与国际合作和竞争，发挥其对全国经济社会发展的重要支撑和引领作用。

因此，我们要科学地定位各城市的功能分区，发挥首位城市的龙头核心作用，不断增强城市群内中小城市和小城镇的人口经济集聚能力，引导人口和产业由特大城市主城区向周边和其他城镇疏散转移，形成大、中、小城市协调发展的新格局。同时，要积极依托区域内的河流、湖泊、山峦等自然地理格局加快建设区域生态网络，缓解环境污染带来的负面效应。

东部地区还有许多其他的城市群，经济总量不是很大，竞争优势并不明显，因此更要根据区域主体功能定位，在优化结构、提高效益、降低消耗、保护环境上下大力气，首先要壮大先进装备制造业、战略性新兴产业和现代服务业，其次注意推进海洋经济发展。充分发挥区位优势，全面提高开放水平，集聚创新要素，增强创新能力，提升国际竞争力。统筹区域、城乡基础设施网络和信息网络建设，深化城市间分工协作和功能互补，加快一体化发展。

(二) 培育和发展中西部地区城市群

中西部地区是我国的经济欠发达地区，但是经过多年的发展，当前这一区域的城镇体系已经比较健全、城镇经济也比较发达、中心城市辐射带动作用明显比过去有所增强，已经成为我国重点开发的区域。这一地区的生态环境较为薄弱，因此要严格保护生态环境，在此基础上，才能引导有市场、有效益的劳动密集型产业优先向中西部转移，吸纳东部返乡和就近转移的农民工，加快产业集群发展和人口集聚，培育和发展若干个新的和有潜力的城市群，使中西部地区在优化全国城镇化战略格局中发挥更加重要的作用，使全国的经济能够协调平衡发展。

在未来一段时间，我国要加快培育成渝、中原、长江中游和哈长等城市群，这些城市群分布在我国的中部、西部和东北地区，是各个区域发展的重要经济引擎，我们要发挥这些城市群的经济带动作用，使之成为推动国土空间均衡开发、引领区域经济发展的重要增长极。同时，要加大对内和对外开放力度，有序承接国际及沿海地区产业转移，依托优势资源发展特色产业，加快新型工业化进程，壮大现代产业体系，完善基础设施网络，健全功能完备、布局合理的城镇体系，强化城市分工合作，提升中心城市辐射带动能力，形成经济充满活力、生活品质优良、生态环境优美的新型城市群。依托陆桥通道上的城市群和节点城市，构建丝绸之路经济带，推动形成与中亚乃至整个欧亚大陆的区域大合作。

同时，我们也不能忘记我国人口多、底子薄的现实情况，一味追求经济发展，中部和东北地区是我国重要粮食主产区，是生存的根本，西部地区是我国水源保护区和生态涵养区，对我国的环境状况有直接的影响。因此，在培育发展中西部地区城市群的同时，必须严格保护耕地特别是基本农田，严格保护水资源，严格控制城市边界无序扩张，严格控制污染物的排放，切实加强生态保护和环境治理，彻底改变粗放和低效的开发模式，确保黄河、长江流域的生态安全和粮食生产安全，使经济、社会、环境得到协调和可持续的发展。

（三）要建立和完善城市群发展的机制和体制

1. 建立城市群统筹发展机制

要统筹制定和实施城市群的发展规划，在制度上明确各城市群的发展目标、空间结构和开发方向，明确各不同城市的功能定位和分工，统筹区域和城市群间的交通基础设施和信息网络布局，加快推进城市群一体化进程。要做好城市群规划与土地利用规划、城镇体系规划、生态环境规划等的衔接工作，依法开展规划和环境影响评价。中央政府要负责跨省级行政区的城市群规划编制和组织实施，省级政府负责本行政区内的城市群规划编制和组织实施。

2. 建立完善的跨区域城市发展协调机制

要以城市群为主要平台，推动跨区域城市间产业分工、基础设施、环境治理等协调联动。重点探索建立城市群管理协调模式，创新城市群要素市场管理机制，破除行政壁垒和垄断，促进生产要素自由流动和优化配置。建立城市群成本共担和利益共享机制，加快城市公共交通"一卡通"服务平台建设，推进跨区域互联互通，促进基础设施和公共服务设施共建共享，促进创新资源高效配置和开放共享，推动区域环境联防、联控、联治，实现城市群的一体化发展。

（四）促进不同规模城市的协调发展

要在城市群建设中优化城市群的规模结构，增强首位城市经济辐射带动作用，同时加快发展中小城市，有重点地发展特色小城镇，促进大中小城市和小城镇协调发展。

1. 增强首位城市辐射带动能力

我国城市按类型可以分为直辖市、省会城市、计划单列市和重要节点城市，这些城市往往是全国和各省的经济、政治和文化中心，也是我国城市群发展的重要节点和支撑。沿海地区的首位城市经济发达，因此要不断加快产业转型升级，积极参与国际竞争，提高参与全球产业分工的层次和能力，延伸面向腹地的产业和服务链，加快提升国际化程度和国际竞争力。内陆首位城市因为多为经济欠发达城市，因此要发挥自身的特长，量体裁衣，不能过分求急求快。一方面要解放思想、加大开发和开放的力度；另一方面要下大力气健全以先进制造业、战略性新兴产业、现代服务业为主的产业体系，提升要素集聚、科技创新、高端服务能力，发挥规模效应和带动效应。区域的重要节点城市要在完善城市功能，壮大经济实力，加强在协作对接上下功夫，争取早日实现集约发展、联动发展和互补发展。特大城市要适当疏散经济功能和其他功能，推进劳动密集型加工业向外转移，加强与周边城镇基础设施连接和公共服务共享，推进中心城区功能向1小时交通圈地区扩散，培育形成通勤高效、一体发展的都市圈。①

2. 将发展重点放在中小城市上

发展中小城市是优化城镇规模结构的主要途径，中小城市的发展可以有效地降低首位城市的发展压力，同时衔接农村和城市的发展步伐。因此，在未来发展中，要加强产业和公共服务资源布局引导，提升中小城市质量，增加其数量。鼓励引导产业项目在资源环境承载力强、发展潜力大的中小城市和县城布局，依托优势资源发展特色产业，夯实产业基础。加强市政基础设施和公共服务设施建

---

① 《国家新型城镇化规划（2014～2020年）》。

设，教育医疗等公共资源配置要向中小城市和县城倾斜，引导高等学校和职业院校在中小城市布局、优质教育和医疗机构在中小城市设立分支机构，增强集聚要素的吸引力。完善设市标准，严格审批程序，对具备行政区划调整条件的县可有序改市，把有条件的县城和重点镇发展成为中小城市。培育壮大陆路边境口岸城镇（见表2-1），完善边境贸易、金融服务、交通枢纽等功能，建设国际贸易物流节点和加工基地。[①]

表2-1　重点建设的陆路边境口岸城镇

面向东北亚	丹东、集安、临江、长白、和龙、图们、珲春、黑河、绥芬河、抚远、同江、东宁、满洲里、二连浩特、甘其毛都、策克
面向中亚、西亚	喀什、霍尔果斯、伊宁、博乐、阿拉山口、塔城
面向东南亚	东兴、凭祥、宁明、龙州、大新、靖西、那坡、瑞丽、磨憨、畹町、河口
面向南亚	樟木、吉隆、亚东、普兰、日屋

资料来源：《国家新型城镇化规划（2014~2020年）》。

3. 有重点地发展小城镇

按照控制数量、提高质量，节约用地、体现特色的要求，推动小城镇发展与疏解大城市中心城区功能相结合、与特色产业发展相结合、与服务"三农"相结合。大城市周边的重点镇，要加强与城市发展的统筹规划与功能配套，逐步发展成为卫星城。具有特色资源、区位优势的小城镇，要通过规划引导、市场运作，培育成为文化旅游、商贸物流、资源加工、交通枢纽等专业特色镇。远离中心城市的小城镇和林场、农场等，要完善基础设施和公共服务，发展成为服务农村、带动周边的综合性小城镇。对吸纳人口多、经济实

---

① 《国家新型城镇化规划（2014~2020年）》。

力强的镇，可赋予同人口和经济规模相适应的管理权。[1]

表 2-2 县城和重点镇基础设施提升工程

基础设施项目	提升内容和标准
公共供水	加强供水设施建设，实现县城和重点镇公共供水普及率85%以上
污水处理	因地制宜建设集中污水处理厂或分散型生态处理设施，使所有县域和重点镇具备污水处理能力，实现县域污水处理率达85%左右、重点镇达70%左右
垃圾处理	实现县域具备垃圾无害化处理能力，按照以城带乡模式推进重点镇垃圾无害化处理，重点建设垃圾收集、转运设施，实现重点镇垃圾收集、转运全覆盖
道路交通	统筹城乡交通一体化发展，县域基本实现高等级公路连通，重点镇积极发展公共交通
燃气供热	加快城镇天然气（含煤层气等）管网、液化天然气（压缩天然气）站、集中供热等设施建设，因地制宜发展大中型沼气、生物质燃气和地热能，县域逐步推进燃气替代生活燃煤，北方地区县域和重点镇集中供热水平明显提高
分布式能源	城镇建设和改造要优先采取分布式能源，资源丰富地区的城镇新能源和可再生能源消费比重显著提高。鼓励条件适宜地区大力促进可再生能源建筑应用

资料来源：《国家新型城镇化规划（2014~2020年）》。

第二节 国家城市群空间的发展布局

经过改革开放30多年的时间，中国的工业化、现代化取得了举世瞩目的成就，城市化进程也实现了跨越式的发展，更多的中国人享受到了高质量的生活和现代的生活方式。在这30多年里，中国不论是在城市数量还是在规模上都有了大幅度的提高，逐步形成了以

[1] 《国家新型城镇化规划（2014~2020年）》。

长三角城市群、珠三角城市群、京津冀城市群为主要代表的城市群和城镇密集区，它们分布于中国的东部和中心地区，成为中国发展的重要引擎。其中长三角城市群、珠三角城市群、京津冀城市群三大城市群引领了中国区域经济的发展，代表了中国经济发展的最高水平和最高成就。目前，中国的城镇化水平已经超过了 50%，并且还以平均每年 1 个百分点以上的速度递增。成就有目共睹，但是在我国城市化和城市群的快速发展中，也存在一些突出的问题，我们必须正视和积极应对。

一 中国城市群发展现状及存在的问题

（一）现状分析

1. 城市群的数量与规模

根据《全国主体功能区规划》等相关文件的标示，目前我国已经形成了包括长三角城市群、珠三角城市群、京津冀城市群、山东半岛城市群、辽中南城市群、海峡西岸城市群、武汉城市群、长株潭城市群、鄱阳湖城市群、成渝城市群、东陇海城市群、中原城市群、哈长城市群、江淮城市群、关中—天水城市群、天山北坡城市群、北部湾城市群、太原城市群、宁夏沿黄城市群、呼包鄂榆城市群、兰州—西宁城市群、黔中城市群、滇中城市群、藏中南城市群 24 个不同层次的城市群。在本书的第三章，我们将会对中国城市群发展阶段进行研究，目前国内的 24 个名义上的城市群有一些还不能被称为真正意义上的城市群，正处于形成和发展的过程中。在这些城市群中，长三角城市群、珠三角城市群、京津冀城市群是中国城市群的三大龙头，经过多年的发展和国家政策的扶持，已经成为发展较为成熟的城市群；而山东半岛城市群、辽中南城市群、哈长城市群、东陇海城市群、江淮城市群、海峡西岸城市群、中原城市群、武汉城市群、长株潭城市群、成渝城市群、关中—天水城市群、太原城市群从发展阶段上来看，仍是处于发展阶段的城市群；鄱阳湖城市群、北部湾城市群、兰州—西宁城市群、滇中城市群、呼包鄂榆城市群、宁夏沿黄城市群、天山北坡城市群、黔中城市群及中南城市群，仍是处于正在形成过程中的城市群或城镇密集区。[①]

与欧美等西方国家的城市群相比，中国城市群无论是从规模还是质量上均远落后于发达国家，还处于城市群发展的初级阶段。即使是与美国或日本国内的三大城市群十多年前的发展水平相比，目前中国三大城市群对于国家 GDP 的贡献率仍然过低，在全国经济中的带动作用不明显。根据 2003 年世界银行发布的计算结果，我们可以看到美国大纽约区（即美国大西洋沿岸城市群）的 GDP 约占到全美 GDP 总量的 24%，而大洛杉矶区（即美国太平洋沿岸城市群）的 GDP 则占到整个美国 GDP 的 21%，五大湖区（即美国五大湖城市群）的 GDP 也占到全美国的 20%。美国三大城市群的 GDP 总量达到 6.7 万亿美元，约为全美国的 65%，占比约为 2/3。日本大东京区、大阪神户区、大名古屋区的 GDP 分别占日本全国 GDP 总量的 26%、23%、20%，日本三大城市群的 GDP 总量达到 2.86 万亿美元，约为日本全国 GDP 总量的 69%，占比 2/3 强。与之相对应的，2010 年中国长三角城市群、珠三角城市群、京津冀城市群的 GDP 分别占全国当年 GDP 的 17.60%、9.39%、9.87%，总计占全国 GDP 总量的 36.86%，占 1/3 强。中国三大城市群对于全国 GDP 的贡献率明显偏低，在经济贡献率中比美国和日本三大城市群对全国 GDP 的贡献率分别低约 28 个百分点和 32 个百分点，这是一个不小的数字，并且在很长一段时间内，这样的情况很难得到改善。

2. 城市群和城市体系的整体竞争力

按照国际上的统计方法，当前以上海为中心的长三角城市群已

[①] 张学良：《2013 中国区域经济发展报告——中国城市群的崛起与协调发展》，人民出版社，2013，第 104 页。

经跻身世界第六大城市群，并且发展速度一直较快，未来极有可能成为全球重要的资源配置中心，首位城市上海也将成为全球最具竞争力的城市之一。长三角城市群以上海为中心，南京、杭州为副中心，包括江苏的扬州、泰州、南通、镇江、常州、无锡、苏州，浙江的嘉兴、湖州、绍兴、宁波、舟山，共 15 个城市及其所辖的 74 个县（市），以沪杭、沪宁高速公路以及多条铁路为纽带，形成一个有机的整体。近年来，长三角城市群以其良好的基础设施、发达的科技教育和日趋完善的投资环境，成为国内外投资者关注的"热土"。2013 年上半年，这一地区以占全国 2% 的陆地面积和约占 10% 的人口数量，创造了全国 26% 的 GDP，完成了全国 37% 的外贸出口额，吸引了全国 52% 的实收外资，其经济总量领先于我国另外两大城市群——珠三角和京津冀地区。

珠三角城市群，是我国乃至亚太地区最具活力的经济区之一，它以广东 30% 的人口，创造了全省 77% 的 GDP。"大珠三角"面积 18.1 万平方公里，以广州和深圳为中心城市，包括了珠海、中山、东莞、佛山、惠州、江门、肇庆。以经济规模论，"大珠三角"相当于长三角的 1.2 倍。"大珠三角"日益崛起，正不断迈向世界级都市群行列。京津冀城市群区域面积为 18.34 万平方公里，人口 8500 万人，以北京和天津为中心城市，包括了河北省石家庄、唐山、邯郸、保定、廊坊、秦皇岛、沧州和承德 8 座城市。

中国城市群在竞争力模式上也存在各自的特点。城市群的经济发展竞争力、社会发展竞争力、生态环境竞争力、基础设施竞争力、整合发展竞争力是城市群竞争力最重要的组成部分，以这五个方面衡量，可以把中国城市群划分为平衡发展型、不平衡发展型和极度不平衡发展型三种类型。长三角城市群和珠三角城市群基本满足平衡发展型的条件；江淮城市群和长株潭城市群表现出较为明显的社会发展竞争力缺失；宁夏沿黄城市群、太原城市群、兰州—西宁城市群、关中—天水城市群在城市的生态环境竞争力方面存在不同程度的缺失；山东半岛城市群、北部湾城市群和辽中南城市群存在不同程度基础设施竞争力的缺失，并且还伴随着城市群整合发展竞争力的缺失；京津冀城市群、哈长城市群、呼包鄂榆城市群、滇中城市群在城市整合发展竞争力方面都存在不同程度的缺失。鄱阳湖城市群和东陇海城市群的生态环境竞争力明显优于其他方面的竞争力；海峡西岸城市群是唯一的一个在社会发展竞争力和生态环境竞争力方面有突出表现的城市群；成渝城市群的基础设施竞争力表现突出；武汉城市群和中原城市群在整合发展竞争力方面有较为突出的表现。[①]

3. 城市群之间的发展差异

目前中国区域经济发展总体呈现由东向西逐渐落后的格局，这与东部地区经济较为发达，中部地区在中游水平，西部地区欠发达相一致。中国的城市群发展也参差不齐，各城市群的发展基本同其所在区域的经济总体发展水平的趋势近似。东南沿海地区由于地理位置优越、经济基础雄厚，同时获得了优先发展的国家政策扶持，因此已经形成了较完整的城市基础设施、产业体系等，如京津冀城市群的经济总量是宁夏沿黄城市群的 4.3 倍；长三角城市群领跑中国城市群，与珠三角城市群、京津冀城市群间仍有较大的差异。长三角城市群 2010 年 GDP 已达到 70675.32 亿元，是排在第 2 位京津冀城市群的 1.8 倍；同时，长三角城市群在规模以上工业总产值、全社会固定资产投资、地方财政一般预算收入、地方财政一般预算支出、外商直接投资实际使用额、货物进出口额、社会消费品零售总额、职工平均工资、可支配收入等多项指标中都高于其他城市群，使长三角城市群的经济发展竞争力遥遥领先于其他城市群。

不仅城市群间的发展差异巨大，城市群内部的城市发展差异也

---

① 张学良：《2013 中国区域经济发展报告——中国城市群的崛起与协调发展》，人民出版社，2013，第 104 页。

十分巨大,以武汉城市群为例:中心城市武汉的经济总量是临近次级中心城市黄石市的 8 倍。由于中心城市武汉一城独大,对周围的城市具有极强的辐射和吸附效应,次级中心城市黄石无论是从规模还是从人均各项指标上都与武汉差距十分巨大,造成了城市圈层结构的断层现象。

4. 城市群内部的空间联系

城市群是多个城市在空间上的集聚体,其内部关系是城市空间一体化的前提。根据城市群空间联系的城市流强度可以将中国三大城市群内部的城市划分为三种类型,即超高城市流强度城市、较高城市流强度城市、低城市流强度城市。其中上海、深圳和广州、北京和天津分别是长三角、珠三角、京津冀三个城市群的超高城市流强度的城市,它们均是各城市群中的中心城市,对周围城市具有较强的辐射力,同时也表明了这些中心城市对外部城市具有较强外向功能。同时,这些中心城市的区位商大于 1 的部门数量最多,体现了较强的城市辐射功能。三大城市群中的制造业具有较强的外向功能,扩散能力较强,而在电力、燃气、水等公共服务和生产供应业部门的外向功能较小,难以满足本地的市场需求。显然,当前我国三大城市群中的中心城市主要依靠制造业获得同周围城市的空间经济联系,而在能源生产供应服务等行业间的空间联系却难以形成较大的扩散效应,这些行业首先需要满足的是本地需求。超高城市流强度城市、较高城市流强度城市和低城市流强度城市分别作为城市群的中心城市、次级中心城市和区域集聚与辐射的城市,三种类型的城市也存在较大的发展差异。以三大城市群为例,上海的城市流强度($F_i = 4343.6$)远高于苏州($F_i = 3652.6$)、南京($F_i = 926.31$)、无锡($F_i = 1496.7$)和杭州($F_i = 1282.4$)等城市,中心城市与次级中心城市间的空间经济联系度相对紧凑;京津冀城市群中的中心城市北京和天津的城市流强度(分别为 $F_i = 4939$ 和 $F_i = 1244.3$)

以绝对的优势远高于次级中心城市石家庄（$F_i = 409.6$）、保定（$F_i = 298.17$）、沧州（$F_i = 297.12$）等城市，城市群内部显示有断层的趋势，城市流势差相对较大；珠三角城市群的中心城市深圳和广州的城市流强度（分别为 $F_i = 2976.34$ 和 $F_i = 2177.69$）也远高于次级中心城市惠州（$F_i = 732.64$）、东莞（$F_i = 792.06$）、佛山（$F_i = 1221.78$）等城市，中心城市与次级中心城市间的城市流势差也不小。整体上长三角城市群内部城市的空间联系度在三大城市群乃至全国 24 个城市群中最高，这表明当前我国长三角城市群是一种相对紧凑的城市群，其他城市群内部城市间的空间经济联系度有待进一步提升。[①]

5. 城市群综合交通网络体系

综合交通网络体系的建设对城市群的形成与区域经济的快速发展至关重要。交通是城市经济发展的前提，也是城市群间实现商品货物流通和交易成本的下降、要素的自由流动和高效配置的基础。随着国民经济的不断发展，城市对交通网络的要求也越来越高，交通网络的完善不但可以助推中国城市化的进程，而且对我国人口长距离迁移也起到推动的作用。近年来，随着我国快速轨道交通、高速公路、跨江跨海大桥等交通基础设施的大规模建设，长三角、珠三角、京津冀等城市群的交通网络逐步升级。尤其是以高铁为代表的经济效应已经成为当前和未来中国城市群发展的重要增长点，京沪高铁连接长三角和京津冀，连接京津冀和珠三角的京港高铁已经开通，中国正在加快建设的"四纵四横"铁路快线将中国多数城市群贯穿其中。这些线路的开通必将推动城市群的大发展。目前，长三角、珠三角、京津冀三大城市群的中心城市上海、广州和深圳、北京和天津已经是中国交通三大综合性枢纽。三大城市群已经初步

---

① 张学良：《2013 中国区域经济发展报告——中国城市群的崛起与协调发展》，人民出版社，2013，第 108 页。

形成了集铁路、航空、公路、水运四位一体的综合交通运输体系：以上海为中心的长三角城市群为例，拥有沪宁、沪杭、沪甬、浙赣、宣航等铁路线，沪杭和沪宁城际铁路已经开通；高速公路拥有沪太、沪宁、宁杭等 20 条；在民航方面，上海虹桥和浦东机场均跻身全球巨型机场之列，长三角一共有 12 个民航机场；上海依托上海港正在建设国际航运中心，货运集装箱吞吐量进入全球前列。但是，与国外城市群相比，我国城市群的交通体系尤其是快速交通系统还不够完善，不同运输方式之间还缺乏有效衔接，难以优势互补、有序利用。

6. 与城市群相关的区域规划的出台

国家相关部门和地方政府为了促进城市群的快速发展纷纷出台了以城市群为基础的区域规划，国家层面上已经陆续下发了《长江三角洲地区区域规划（2009～2020 年）》《珠江三角洲地区改革发展规划纲要（2008～2020 年）》《成渝经济区区域规划（2011～2020 年）》《促进中部地区崛起规划》《海峡西岸经济区发展规划》《黄河三角洲高效生态经济区发展规划》《广西北部湾经济区发展规划》等，这些区域规划为城市群的发展提供了新的机会，城市群在区域发展规划中成为主角。与此同时，国内专门的城市群规划也纷纷出台，如《中原城市群总体发展规划纲要》《海峡西岸城市群发展规划》《山东半岛城市群总体规划（2006～2020 年）》《湖南省"十二五"环长株潭城市群发展规划》《滇中城市群规划修改（2009～2030 年）》等，为城市群的未来发展指明了方向。

（二）存在的主要问题

1. 一些城市群未形成合理的圈层结构

目前中国东部三大城市群发育较为成熟，已经具有相对合理的城市圈层结构，但是中西部地区的城市群还存在圈层结构不合理，甚至存在断层的情况。国际经验说明，一个成熟的城市群不但要有良好的自然和经济条件，也应当具有合理的城市能级梯度，这可以方便首位城市与次级城市之间的要素自由流动和产业转移，首位城市通常都是按照一定的梯度从中心向周围扩散的，次级城市也是按照梯度效应来接受首位城市的辐射。因此，城市群本身的内在属性就决定了群内城市间要存在一定的发展层次。从经济规模上看，各城市间不应该出现过大的经济落差，城市间要协调有序发展。但是，反观中国当前的城市群，有不少还处在发展初期城市群存在的"一城独大"现象，首位城市与次级城市之间不能有效对接，首位城市的辐射能力有限，而次级城市的接受能力也很低，这具体的表现为城市群发展的联动性较弱。这种"一城独大"或者是所有城市都发展不足的现象在中西部城市群中普遍存在。例如，中部地区的武汉城市群占全省1/3的土地、1/2的人口，创造了全省六成的经济总量。以2012年为例，2012年湖北省完成生产总值2万亿元，其中武汉市全市地区生产总值就突破了8000亿元，位居全国城市经济总量10强，武汉城市群内的黄冈、孝感、黄石等城市的地区生产总值也突破千亿元。再如，四川省的成都市，2012年GDP达到10056.6亿元，占全省35.24%，省内其他20个地级市（州）GDP均未超过千亿元。此外，很多城市群内的首位城市在进行产业转移时并不是按照临近的空间梯度来进行的，而是直接跳过临近城市而选择城市群内空间距离更远的城市，甚至将产业直接转移至城市群外的城市，并未按照合理圈层结构的梯度进行产业转移，交易成本不仅未减少反而增加，最终不利于城市群的整体联动发展。

2. 半城市化给城市群的发展带来负效应

改革开放以来，中国的城市化以人类历史上从未有过的规模快速发展，有力地推动了我国经济与社会的快速发展，但同时也面临着"半城市化"特征突出、城市形态和布局不均衡、资源和环境约束严峻等问题的挑战。此外，长期的城乡二元发展格局、巨大的人口规模、快速的人口老龄化等因素也使我国的城市化进程充满艰难性和复杂性。城市化的完整含义应该是农业人口转为非农业人口，让进城就业的农民在城市定居，并享有同城市居民的同等待遇，既不应该是身份上属于农民而职业上属于工人，也不应该是地域上属于城镇而职业上还属于农民，更不应该是大规模、长期化、一代接一代地流动就业。在中国，农民工及其家庭的半城市化与户籍制度以及附着于户籍之上的一系列社会福利和公共服务安排密切相关，这种城乡分割的户籍制度形成于计划经济时代，最终需要通过持续的城市化和相关的体制改革来消除。[①] 而这个过程至少要持续 20 年，这会对城市群的发展带来负面效应。

3. 城市病、生态环境和资源性约束凸显

中国自从改革开放以来，经济发展迅速，已经成为带动世界经济发展的引擎，同时城市的集聚效应也非常明显。但是，繁荣的背后各种不利于城市群发展的因素也在不断积累，"城市病"愈加明显。"城市病"的根源是城市化进程中人与自然、人与人、精神与物质之间各种关系的长期失调。这种长期不平衡发展，必将导致城市生活质量倒退乃至文明停滞。当前，我国城市人口占总人口的比例已经超过了 50%，这足以说明中国已经进入了"城市型社会"。随着城市群规模日益扩展，大中城市中普遍存在人口增多、用水用电紧张、交通拥堵、环境恶化等社会问题，这些问题和矛盾严重地制约了城市的发展，增加了城市政府的负担，使城市发展陷入了两难抉择。

根据世界城市发展的一般历程，城市发展可以分为四个相互交替的阶段，即城市化、郊区化、逆城市化和再城市化。在城市群发展阶段，如果人口的过度集聚超过了工业化和城市经济社会的承载

---

① 中国发展研究基金会：《中国发展报告 2010：促进人的发展的中国新型城市化战略》，社会科学文献出版社，2011，第 25 页。

能力，就会发生所谓的"过度城市化"现象，产生一系列被称为"城市病"的矛盾和问题，当前中国城市群发展中，"城市病"主要表现在以下几个方面。

（1）人口膨胀。城市群通常对人口具有强大的集聚作用，而人口的快速集聚也是城市群发展的重要动力。在人口快速集中的过程中，一旦城市建设和管理跟不上迅速增长的需求，导致各类城市基础设施的供给滞后于城市人口的增长，就会引发一系列的矛盾，出现环境污染、就业困难、治安恶化等"城市病"。

（2）交通拥堵。交通问题一直是城市群发展的首要问题之一。迅速推进的城市化以及大城市人口的急剧膨胀使得城市交通需求与交通供给的矛盾日益突出，主要表现为交通拥堵以及由此带来的污染、安全等一系列问题。交通拥堵不仅会导致经济社会诸项功能的衰退，而且还将引发城市生存环境的持续恶化，成为阻碍发展的"城市顽疾"。交通拥堵对社会生活最直接的影响是增加了居民的出行时间和成本。出行成本的增加不仅影响工作效率，而且也会抑制人们的日常活动，使城市活力大打折扣，居民的生活质量也随之下降。另外，交通拥堵也导致事故增多，事故增多又加剧了拥堵。

（3）环境恶化。近百年来，以全球变暖为主要特征，全球的气候与环境发生了重大的变化，如水资源短缺、生态系统退化、土壤侵蚀加剧、生物多样化锐减、臭氧层耗损、大气化学成分改变等。根据联合国政府间气候变化专门委员会的预测，未来全球将以更快的速度持续变暖，未来100年还将升温1.4℃~5.8℃，会对全球环境带来更严重的影响，如农作物将减产、病虫害发生频率和危害速度将明显增加、水资源短缺将恶化等。环境污染使城市从传统公共健康问题（如水源性疾病、营养不良、医疗服务缺乏等）转向现代的健康危机，包括工业和交通造成的空气污染、噪声、震动、精神压力导致的疾病等。

（4）资源短缺。2002 年在南非召开的可持续发展世界高峰会议上，一致通过将水资源列为未来十年人类所面临的最严重挑战之一。联合国环境署同年在《全球环境展望》中指出："目前全球一半的河流水量大幅度减少或被严重污染，世界上 80 多个国家或占全球 40% 的人口严重缺水。如果这一趋势得不到遏制，今后 30 年内，全球 55% 以上的人口将面临水荒。"在缺水型国家或地区中，大城市的水资源紧缺问题最为严重。此外，土地资源紧缺问题也是国际大都市在城市化进程中所必然出现的问题。由于土地存在供给的绝对刚性，在大量人口和产业向中心城区集聚过程中，像北京、上海等大都市都出现了较为严重的土地紧张问题，土地对现代化大都市可持续发展的制约作用更加突出。如何开辟新的发展空间、拓展地域范围已成为各大都市实现可持续发展的必然要求。

（5）城市贫困。贫民窟问题是发展中国家城市群发展中所出现的特有现象，贫困人口多数集中于城市，而城市贫民又大部分住在贫民窟，贫民窟的出现在很大程度上是外来人口的大量涌入以及本城市内人口收入差距过大所造成的，主要有以下几个原因。一是土地占有严重不平等，造成大量无地农民。二是城市化过程中就业机会严重不足。失业、就业不足、就业质量差，是造成城市贫困人口长期大量存在的重要原因。在城市化进程中，发展中国家往往把工业重点转向资本、技术密集的部门，造成劳动力大量进入第三产业中的传统服务业和非正规部门，而在非正规部门就业人员的工资一般只相当正规部门就业人员工资的一半，他们没有签订劳动合同，没有社会保障，得不到法律保护。三是城市规划、建房用地、基础设施、社区发展没有充分考虑低收入人群的要求。四是公共政策不够完善。如国家教育开支向中、高等教育过度倾斜，初等教育相对萎缩，在中等教育阶段重视普通教育和人文学科教育，而轻视中等职业技术教育和师范教育，不利于改善低收入阶层子女受教育和就业状况。这也是中国当前城市群建设中面临的重大现实问题，需要政府和社会加以重视。

4. 城市群内部和城市群之间的协调度有待提高

城市群由多个城市构成，一些城市发展水平相似，因此不可避免地会出现城市间的竞争和资源争夺日趋激烈的现象。当前，我国城市群之间、城市群内部在产业布局和招商引资方面存在较大冲突的情况并不少见。比如在产业布局上，长三角、珠三角、京津冀城市群各城市的产业结构类似，产业分工不明晰。同时，城市群发展的协调性还不够好，各地区发展不平衡。在这方面，很多城市群都在发展战略中给予重视，通过出台政策、法规等形式协调城市群内部的发展。比如，广东省提出的"双转移、双提升"发展战略，旨在促使珠三角地区的密集型制造业向本省西北部韶关、云浮等相对落后和人口稀少的欠发达地区转移，非转向劳动力充裕的中西部地区城市群；上海近年来为了构建科学的城市结构和城市功能，大力推动郊区新城建设，在郊区建立了九大工业园区，以便接受市区的产业转移和辐射。

5. 部分城市群的发展定位不够理性

目前，国内城市群规划相继出台，但其中不少城市群的发展定位并不理性，在不少中西部地区城市群中，不顾当地的要素环境和经济基础，纷纷提出要建设成国际大都市，很多城市不切实际地盲目拔高城市群发展定位，大规模进行"造城运动"，这种"高不成、低不就"的发展理念，往往会让城市群的发展陷入尴尬的境地。我们应该清醒地认识到，虽然近年来城市群建设取得了很大成就，但是我国的产业整体还处于世界产业链的低端，只有科学和理性的发展定位才能为城市发展提供正确的路径，从而更加有利于形成紧凑型的城市群合力。

6. 城市群综合交通体系建设和社会公共服务一体化有待完善

虽然当前中国城市群已经初步建立起铁路、公路、水运和航空

"四位一体"的交通网络格局，但是同中国城市化发展的速度和交通需求的增长速度相比，城市群的综合交通体系建设仍然不能满足需求的快速增长。尤其是从长时段的视角来看，交通问题仍然会成为制约我国城市群发展的重要因素。

（1）城市群间的交通发展水平层次不一。以当前中国的铁路为例，我国的铁路密度虽然居世界之首，但是铁路干线和铁路网高度集中在东南部地区，这一方面是由于该地区经济发达，人流密集；另一个方面是因为该区域的人口较为集中，这些地区基本都是东南沿海地区的城市群，这些发达地区的城市拥有更多的铁路线路和里程。相反，西部欠发达地区的城市群铁路线路单一，密度相对较低，有些地方甚至还没有铁路。

（2）城市群的大区域交通体系规划有待进一步统筹，要加强地区间的交通联系。各城市在规划交通体系时往往考虑的是本地区的利益，而忽略了交通对其他城市的影响，不同城市间的交通规划往往难以形成有效的衔接。从城市群战略的高度来看，交通不够便捷是阻碍人流和物流交往的主要因素。

（3）各种交通运输方式间缺乏有效衔接，影响综合运输的整体效率，主要体现在城市交通枢纽、城市间交通和市内交通干线的衔接不够通畅，各种运输方式之间未形成有效的协调和配合，造成运力效率上的损失，也给人们出行造成诸多不便。

（4）交通密度与城市经济发展水平不相匹配。以长三角为例，由于部分城市间被江河湖水所阻隔，至今仍未与主要的铁路货物运输网接轨，为了避开江湖海的高额成本，不少线路均选择了绕行，从而使得不少经济发达的城市出现综合交通网络与城市经济发展水平不匹配的局面。

（5）城市群的主要交通枢纽运能与需求依然不匹配，长三角、珠三角、京津冀城市群是农民工最集中的地区，季节性"迁徙"现象比较普遍，当面临节假日时往往出现车票紧张的局面，在出行高峰期一票难求的现象仍然十分突出。另外，随着城市群间和城市群内部同城化趋势加强，各种经济、社会、文化交流更加频繁，现有的运输方式和运能并不能满足不同人群的不同需求。

除了城市群的综合交通体系建设之外，城市群内部的社会公共服务一体化也有待提高。目前，国内各地方政府主要通过地方财政来建设本地区的社会公共事业，由此绝大多数城市群内部并未实现社会公共服务的一体化，各城市群间存在各类社会服务难以对接的情况，如在教育、社保、就业、医疗、电网、燃气等公共服务方面基本是一地一政策，具体的价格、服务、技术标准等均未形成统一。各城市的社会公共服务水平存在较大差异，同时各城市政府在对待经济效益和社会民生领域的关注度存在差异，这些差异均给城市群内部社会公共服务一体化的实现形成了障碍。

二　中国城市群发展总体特征

城市作为一个区域的核心，一般是通过空间的极化效应集中了周边大量的产业和人口，从而能够获得快速的发展。随着地域规模的扩张和实力的不断增强，城市会逐渐对周边区域产生辐射带动效应，形成都市圈或城市圈。伴随着城市规模的扩大和城际交通条件的改善，尤其是高速公路和铁路的出现，城市与城市之间的空间和时间距离被大大缩短，城市之间的经济联系越来越密切，会形成你中有我，我中有你的发展态势，从而形成了城市群的概念。

（一）功能的高端化

城市群一般都是交通和通信枢纽，地处内外联系便利和经济比较发达的地区，人口众多，腹地广大，经济强劲，新技术、新思想活跃，是连接国内、国际要素流动和资源配置的节点以及科学技术创新的孵化器和传输带。城市群多集外贸门户职能、现代化工业职能、商业金融职能、文化先导职能于一身，空间密集程度较高，成为区域政治、文化、经济核心区，对国家、区域乃至世界经济都具有不可替代的中枢支配作用。[①]

(二) 结构的等级化

城市群的空间形态有一定的特点和层次，主要表现为较为明显的等级结构，在城市群内至少有一个或几个规模较大、经济发达和辐射功能较强的首位城市，这些实力强劲的城市是城市群的发展重心和增长极。在这些城市的周边会分布一些二级城市和三级城市，并在城市与城市之间存在众多小城镇。在城市群的外围会有相当大面积的农业地区和农村。这些层次构成了城市群的等级化结构，使城市群融合为一个完整并相互支撑的体系。

(三) 分工的合理化

城市群发展的一个重要结果是使区域内经济组织更加活跃，创新能力不断增强，产业结构与空间布局不断优化。作为一个有机的整体，城市群中各个城市间都存在密切的联系，包括资源、金融、市场、信息等在内的要素流动，按照市场经济规律合理配置，形成城市间日趋合理的职能分工。受规模经济内在要求的驱动，大量不同等级规模的企业或一系列配套产业及相应的上下游产业等集中连片分布，形成有特色的分工与合作网络，使各城市优势互补，以实现资源的集约利用与效益的最大化。[②]

---

① 国家发改委国地所课题组：《我国城市群的发展阶段与十大城市群的功能定位》，《改革》2010 年第 9 期。
② 国家发改委国地所课题组：《我国城市群的发展阶段与十大城市群的功能定位》，《改革》2010 年第 9 期。

（四）城乡的一体化

由于不同的城市有各自的自然条件和发展方向，因此在城市群中的功能也会有所不同，一个完善的城市群，不同城市间应该具有较强的经济互补性，这样就会使中心城市与周边城市、各城市之间以及城市与农村之间存在紧密的经济和社会联系，这一点在全球化和网络化时代表现得尤为突出。随着现代交换手段与新技术的不断创新，城市间的交流也从传统领域逐渐向信息流、人流、物流、资金流等多种流态的集聚与辐射形式转变，区域内部的互动能力和交往方式实现了突破。中心城市的作用会呈现出逐级传递的特征，即中心城市会向区域内其他城市进行辐射，二级城市和三级城市也会重复这一过程，向区域内其他地区进行辐射，从而有力地推动区域内的城市和乡村协调同步发展。首位城市、中小城市、小城镇和农村形成良性的互动关系，这会使城乡各种要素统筹配置更加顺畅，公共产品共享程度进一步提高，人口向城市流动加快，城乡的距离缩短，城镇化进程不断加快。

（五）交通的网络化

城市群最初形成的起点一般是沿综合交通走廊向周边辐射，随着交通和通信等基础设施的完善而不断地扩大范围。一个完善的城市群首先要拥有完善的基础设施体系，这是城市群发展的前提，例如高速公路、铁路、航道、通信干线、运输管道、电力输送网和给排水管网体系等。发达的交通运输体系、信息网络等会使城市间交流更加便捷，使大中小城市成为一个紧密联系的整体。因此，在城市群发展中，区域性基础设施建设与城镇空间结构相互协调至关重要。另外，网络化的交通体系会在形成中就以不同等级、规模、性质的城市为节点，在一定程度上使每个城市都具有一定的集聚和辐射范围，同时又可以使这些城市相互嵌套，有机结合，共同形成不可分割的节点网络城市格局。

（六）发展的动态化

城市群是一个开放的体系，而不是封闭和孤立的建构，因此对内对外都保持着经济、社会、文化和技术等广泛交流是城市群发展的重要保证。随着信息网络化和经济全球化的发展趋势被不断强化，国际和国内不同层次、不同类型的区际联系强度越来越大，这导致城市群在范围、结构、性质等方面都发生了质变，城市群不断向高级形态进化。城市群的发展是一个渐进的和连续的过程，既包括区域内多维连续与协调发展，又要考虑与相邻区域互动互进的联合与协作，甚至发挥对更大区域范围的影响和联动效应。城市群的形成和发展始终处于动态变化之中，从简单到复杂，从低级到高级，当其范围、功能、结构、对外联系或其他相关要素发生变化时，都会导致城市群内部的连锁反应乃至城市群范围的改变。

第三节　国家城市群发展思路和展望

一　中国城市群发展的战略目标

（一）将城市群打造为中国城镇化的主要空间形态

我国颁布的《全国促进城镇化健康发展规划（2011～2020年）》，基本上涉及了全国东部、中部和西部的所有城市群、180多个地级以上城市和1万多个城镇的建设，这是新中国成立以来我国最大规模的城镇化发展规划，为未来我国的城镇化发展提出了具体要求和方向。从这个意义上来看，当前城镇化已经成为中国区域发展的重要手段，在不久的将来城市群就会成为我国城镇化的主体空间形态。按照"以大城市为依托，以中小城市为重点，逐步形成辐射作用大的城市群，促进大中小城市和小城镇协调发展"的要求，我国未来的城镇化发展将由速度扩张向质量提升"转型"。

从发达国家城市化的发展规律和已有的经验来看，"城市群"是城市化发展到一定阶段的必然产物，由城市群引领城市化发展是历史趋势。21 世纪是一个城市群高度发达和繁荣发展的世纪，城市群特别是大城市群将越来越成为国家经济发展的动力，单个城市已经不能满足高速发展的需要，大城市的发展模式已从单纯追求单个城市发展向城市群整体发展转变。城市群与单个城市相比，有显而易见的优势，它可以扩大城市集聚的经济优势；促进不同规模城市之间的统筹规划、实现产业空间布局的优化调整，实现优势互补、分工协作；可以扩大中心城市的辐射、带动作用。因此，城市群必将在未来中国城镇化的发展格局中占有重要的位置。

（二）将城市群打造为我国区域总体发展战略的重要载体

改革开放以来，国民经济的持续快速发展，中国不论是在经济总量还是在产业结构上均出现了与改革开放前极为不同的特点和趋势。进入 20 世纪 90 年代以来，中国经济迈进了一个新的发展阶段，全球化和网络化发展不断加速，国家间、地区间、城市间的联系愈加紧密，同时生产要素的空间结构不合理安排的情况也越来越突出，这对中国工业化、城市化未来的进程形成极大阻碍。因此，我国政府适时提出了区域总体发展战略，对我国的城市和经济发展进行重新布局。

党的十六大以来，中央高度重视协调区域平衡发展，提出并全面实施了以"西部大开发、振兴东北、中部崛起、东部率先发展"为核心内容的区域发展总体战略，大大缩小了区域差距，经济发展格局从"单极突进"转为"多轮驱动"。这一战略取得的成绩是可喜的，仅在"十一五"时期，我国区域协调发展就向前迈进了一大步：区域发展的增长格局从过去东部地区遥遥领先向各区域协同发展转变；区域发展的战略目标也从过去单纯追求经济增长而忽视其他方面建设，向经济、社会、生态全面协调发展的理念转变；区域发展的区际关系从不够协调向平衡并进发展；区域发展的调节机制从相对单一的行政手段向综合手段转变。这些变化都为我国城市群发展奠定了良好的基础。国家发展改革委地区经济司司长范恒山认为：国家实施区域发展战略力度之大前所未有，一方面推动发达地区加快转变经济发展方式、增强辐射带动能力，另一方面帮助欠发达地区尽快补齐发展"短板"，加快发展步伐。

与此同时，城市群的发展也成为中国区域发展总体战略的重要载体。国家近期出台了一系列区域规划实施方案，细化了中国区域发展的版图。这些特殊区域政策可以分为三种类型：第一种是在全国设立了 7 个不同类型的综合配套改革试验区，并批复了其实施的方案；第二种是针对上海、海南、重庆、福建、广西、新疆、宁夏、西藏和青海等省区市及长三角和天津滨海新区，单独出台了意见和政策措施；第三种是批复实施了一系列的区域规划，如广西北部湾经济区、珠江三角洲地区、关中—天水经济区、江苏沿海地区、珠海横琴自贸区、辽宁沿海经济带、海南国际旅游岛、图们江合作开发区、黄河三角洲高效生态经济区、鄱阳湖生态经济区、成渝经济区、天津滨海新区、京津冀都市圈、皖江城市带等区域规划。可以看到，这些规划的一个共同特点是围绕着一个大都市或者一个都市群、都市带来展开，城市在区域发展中的地位日益突出，以发展城市为核心的区域发展战略已经粗具规模。

（三）将城市群打造为区域经济发展方式转变和经济结构转型的引领者

城市群是我国区域经济发展的引擎和未来城市发展的重要方向，

同时也是我国生产力布局中的重要战略支撑点、增长极点和核心节点。在经济全球化和网络全球化的大背景下，城市的发展水平已经成为国家综合实力的主要体现，国家间的竞争也越来越聚焦于城市间的竞争上，而城市群是一个国家城市高端集聚的综合体，城市群的综合竞争力是国家竞争力的重要基石。中国的城市群不仅是参与全球区域竞争和国际产业分工的重要主体，而且也是推动我国区域发展的核心动力。城市群的发展始终是区域经济中最活跃的空间板块，城市群作为人口流、资本流、物质流、信息流在空间上的高度集聚体，相对其他区域板块具有更高的经济效率，容易形成规模经济和外部性溢出效应，对其他区域形成强有力的示范效应和引领作用。因此，城市群对我国区域整体发展具有较强的带动力。

当前正是中国改革开放的深水区和攻坚期，城市群发展必须肩负起经济发展方式转变和经济结构转型的任务。城市群汇聚了各类人才、创新、技术等高端要素，产业集聚优势，市场优势，先试先行的改革政策便利等，在促进经济方式转变和经济结构调整上具有先天的条件，理应成为发展方式转变和经济结构转型的先导者和引领者。在经济全球化的今天，城市群成为国家竞争力核心区域，需要全面参与国际产业分工和功能定位。国际产业分工是指世界上各国（地区）之间的劳动分工，它是社会分工发展到一定阶段、国民经济内部分工超越国家界限发展的结果，是国际贸易和世界市场的基础。国际分工可分为产业间国际分工和产业内部国际分工，前者是指不同产业部门之间生产的国际专业化，后者是指相同生产部门内部各分部门之间的生产专业化。目前以三大城市群为代表的国际贸易量不断扩大，国际联系度日益紧密，一方面努力承接全球第四次产业大转移；另一方面不断提升产业结构，推进产业升级，大力发展现代服务业、战略性新兴产业和先进制造业，努力实现创新驱动、转型发展。因此，要把握国际产业分工的趋势并结合本地的产业规划及定位，充分发挥城市群产业集聚的规模效应，特别要重视跨国企业的发展，既要加大吸引境外投资的力度，吸引国外跨国公司区域总部和创新中心的落户，也要扶持本国大型企业境外投资，实现投资"走出去"战略。同时要做好城市群在国家战略中的功能定位和城市群内部各中心城市、次级城市的功能定位，避免出现城市群间的过度竞争和区际矛盾，实现城市群之间、城市群内部各城市之间的协调发展。①

（四）将城市群打造成实现城市经济、社会、文化、生态环境的协调发展，促进人的全面发展和幸福感提升的平台

城市群是城市间空间组合的集聚体，同时也是人们生活和工作的社会空间。从国外城市群发展历程和现状看，城市群需要一定规模的人口和土地面积支持，但这绝不是单纯地表现在人口规模和地理范围的城市概念，而是城市经济社会发展的高端形态。城市群人口和面积较大不一定就是富有竞争力的现代化城市，或者说仅仅是表象上大城市的集合，而非城市功能和城市价值上的城市高端，笼统地认为城市群一定是发展好的区域并不是城市群的真实面貌。城市群中不同规模和历史传统的城市都会有自身的经济、社会、文化、环境系统，这些不同的特点会影响城市的发展方向。在全球化竞争与合作的大格局下，世界经济正从工业经济迈入知识经济新时代。经济增长方式将由"外延式"向"内涵式"转化，追求数量和速度的增长方式将让位于追求质量和效益的增长方式，经济发展对自然资源的依赖程度相对减少，而对科学技术、信息和人的素质的依赖程度大大加强；未来科学技术，特别是高新技术的地位和作用进一步提升，将成为支撑和引领经济和社会发展的主导力量；文化与经

---

① 张学良：《2013 中国区域经济发展报告——中国城市群的崛起与协调发展》，人民出版社，2013，第 135 页。

济、政治相互交融，文化力作为精神方面的软实力在综合国力竞争中的地位和作用日益突出；生活方式的创新和生活内涵变化将成为引导经济运作模式、经营机制和文艺创作内涵的变化的重要力量，并决定产业和产品的创新方向。① 因此，注重经济效益、社会效益、环境效益相统一的发展方式，将城市群打造成高端城市的集合体，才是未来城市群的发展方向。当经济已经达到高度融合的状态时，经济发展水平已经很难作为全面评估城市群发展的唯一指标，相反通过社会和文化的融合等非经济因素来整合城市群的凝聚力，从而让市民获得对城市群的认同感和归属感，最终促进人的全面发展和幸福感的提升，会成为城市群发展的根本目标和最终落脚点，这也是未来我们要努力的方向。

城市综合竞争力是指一个城市在一定区域范围内集散资源、提供产品和服务的能力，是城市经济、社会、科技、环境等综合发展能力的集中体现。城市综合实力强弱很大程度决定了综合竞争力。这种对综合竞争力的评价已经冲破了仅仅对经济指标进行衡量的传统模式，而更加注重城市的可持续发展能力、人文环境和宜居宜商环境。这是对城市评价的全新视角，也是城市群未来发展的重要方向。因此，要走一条新型城镇化的发展道路，将低碳经济、智慧城市、幸福生活三位一体的城市发展理念发扬光大。低碳经济是城市发展的物质基础，智慧城市是城市发展的重要动力，幸福生活是城市发展的终极目标，三者相互联系、互相促进，贯穿于走新型城市化发展道路的创新实践。

当前有很多城市群都提出了全新的发展理念，如长三角城市群，改革开放以来，长三角地区已经成为中国经济发展最快和最活跃的地区。但是，在以上海为龙头的长三角城市群中，虽然区域经济社

① 张翼飞：《杭州城市发展理念的演进路径》，《杭州日报》2008年6月19日。

会发展进一步融合，但城市群内部的竞争却面临着产业同构，千城一面的"同质化"危险趋势，从而人为地造成了严重的比拼式"内耗"，这使城市群的发展面临"瓶颈"；因此，杭州市提出了塑造"精致和谐、大气开放"的城市人文精神，确立"和谐创业"的城市发展模式，锁定建设"生活品质之城"发展目标的城市建设理念。珠三角城市群提出了大力发展低碳经济的口号。广州市强化规划引领，加快编制低碳经济发展规划，建立健全与低碳经济相适应的管理体制和保障机制，促进形成低碳增长方式和消费模式；推进产业结构优化减碳，大力发展低碳产业，实施低碳产业龙头企业培育计划；加大"三旧"改造力度，继续推进"退二进三""腾笼换鸟""双转移"；着力推进重点领域节能减排，突出抓好工业、电力、交通、建筑行业减排和低碳化。推进技术进步减碳，大力开发应用低碳技术，加强低碳技术支撑体系建设，建立低碳发展公共技术平台，加快建设广州碳排放权交易所；推进能源结构调整减碳，大力开发利用新能源、可再生能源和清洁能源，积极发展循环经济；推进低碳消费减碳，大力倡导低碳生活方式，培育全民低碳意识，启动创建一批低碳城市综合体、低碳产业园区、低碳社区。[1] 山东省的青岛市提出以"生态"和"创新"作为自身发展主题，倡导全面、协调的可持续发展理念和紧凑集约的发展模式，倡导生态理念，以"绿色、创新、共融"作为新城区发展的核心理念；"绿色"主要体现为独具特色的生态环境和精明增长的发展模式，"创新"主要体现为科技兴区和提高自主研发水平，"共融"则更多地体现为新城区的人文关怀与和谐共生。[2] 这些理念的提出，为我国城市群更加协调、完善的发展提供了良好的基础。

---

[1]　仁朝亮：《广州城市发展理念：低碳经济智慧城市幸福生活》，《广州日报》2011 年 12 月 25 日。

[2]　叶平生：《全新城市发展理念》，《青岛日报》2008 年 10 月 8 日。

二 中国城市群发展的战略思路

(一) 建立多元化、多极化的城市群空间格局

目前,我国东部和中西部城市群的发展水平差异很大,整个城市群和城镇密集区的发展基础、发展水平、资源禀赋、城镇化的水平存在较大差异,各城市群的发展路径及其空间组织形式也必然是多元的。因此,在进行城市群规划和发展时,既要关注到共性又要考虑个性,要根据不同区域的自然条件、历史背景和发展状况,因地制宜地制定适合城市群可持续发展的规划,选择符合地区实际情况和发展走向的实践路径。当前,我国一批地区性的中心城市不断崛起,首位城市带动周围地区快速城市化,逐步形成城市间的抱团组合——城市群。城市群不同于单个城市,过去单个中心集聚发展的模式被多中心、网络化格局所取代,因此每个城市都能够发挥更大的作用。传统产业从城市群的核心城市不断向外围地区尤其是二、三线城市转移,城市群内的首位城市对劳动力的需求也发生了改变,传统产业工人被特定的高素质人才所代替,尤其是高新技术人才,核心区域集聚的大量从事低附加值制造业的产业工人开始向外扩散,并且就地、就近展开劳动力的第二次转移,从而推动了城市群首位城市和次级城市的阶梯化发展。城市群的多元化发展模式是城市在人口、经济、社会、城市空间上实现协调发展的内在要求,在这一思想的指导下,我们需要实现城市群的产业多元化、城市群间的战略多元化、城市文化的多元化等,城市群通过多元化战略来实现要素资源配置、空间资源使用效率的最优化,从而逐步实现人口、经济、社会、空间的协调发展。

同时,城市群也需要建立多极化的城市群空间格局。过去我们过分追求大城市的超前发展,而没有兼顾中小城市和小城镇的协调发展,因此造成当前特大城市被各种"城市病"所困扰的尴尬局面。

所以，我们需要进一步强化以城市群为载体，不同层级的首位城市要在辐射带动城乡区域发展中共同发挥多极化的作用。城市群发展战略是城镇化的最重要推动力，要积极打造具有较大辐射力的城市群，这既是基于我国人口资源分布实际需要的必然选择，也是中国特色城镇化道路的必由之路。受我国地域空间和人口资源环境分布的种种限制，在我国实行大规模工业化、城镇化并不现实，平面推进、共同发展的方式只能在一些发展条件和基础好、人口密集、城镇密布的地区集中展开，形成以一个或多个核心城市为中心，大中小城市和小城镇共同组成的城市群。

（二）由依靠人口红利、土地红利、生态红利、政策红利向依靠创新红利转变

改革开放 30 多年来，中国快速的城市化得益于各种红利。户籍制度的放宽为农村广大的剩余劳动力向沿海城市转移提供了条件，为沿海地区输送了大量的青壮年廉价劳动力，形成了中国沿海地区的世界制造工厂。然而，随着国内的劳动力成本逐渐上升，东南亚新兴国家更廉价的劳动力、更低的土地价格和土地租金等要素凸显，不少国际投资和国际产业纷纷向越南、老挝、缅甸等国家转移。目前，不仅珠三角城市群、长三角城市群存在大量的技术性劳动工人的短缺，作为输出地的中西部中心城市也存在农民工短缺的情况，中国发达的城市群人口红利的机会窗口逐渐消失，城市群需要谋求新的发展优势以取代劳动力成本优势。依靠牺牲环境为代价的经济增长和城市化也与可持续发展、低碳发展理念相左，生态环境已经成为重要的城市软实力，显然，生态红利的空间将越来越小。中国过去的改革一直遵循着干中学的原则，即"摸着石头过河"，在区域发展过程中存在较大的政策红利空间，随着西部大开发、中部崛起、振兴老东北工业基地发展战略、国家级新区建设的实施，无论是沿

海地区还是欠发达地区均获得了政策支持。

随着城市化水平的提高，我国区域政策走向均衡发展之路，城市群发展不可能处处向国家申请政策红包，获得各种优先发展的权利，未来城市群的政策红利空间相比前30年必定变少。因此，作为经济发达水平最高的地区，城市群需要获得新的持续发展动力——创新。城市群是城市化高度发展的结果，城市化最核心的特征之一是现代化，而实现现代化的基础是创新。创新不仅仅是一个民族进步的灵魂，更是区域和城市保持活力的根本动力。中国城市群要成为世界高端城市的集聚地必须走创新之路，未来中国城市群的创新体现在科技创新、制度创新、理念创新、管理创新等方面，坚持以生产方式创新为基础，通过技术创新来发展一批具有国际竞争力和话语权的产业，将创新产业化，以技术创新来推动制度创新、管理创新等。城市群将在区域创新中起到加速器和引擎的作用，是区域发展方式转变、产业结构升级和调整的重要推动力。作为区域经济的增长极，城市群在创造需求和供给、地方税收、资本投入、集聚高端生产要素等方面优势明显，在这些优势领域的城市群中通过集聚和扩散的效应更容易诱发和形成创新，通过各类创新性生产活动成为区域创新和研发中心，推动区域创新转型发展。

（三）逐步建立市场主导型城市化模式

改革开放30多年来，中国的城市化速度让世界瞩目，这种高效的城市化主要遵循自上而下的城市化推动模式，即政府通过行政力量集中资源来发展城市。显然，计划机制作用下的城市化进程，是政府借助于行政力量来推动的，在经济起飞的阶段，通过这种自上而下的城市化推动模式将有限的资源集中投放至发展基础较好的地区集中发展，具有较好的宏观效率。但是，该机制也有劣势，主要是重上轻下、微观效率低。由于政府是决策的指挥中心，各个组织和个人的自主能动性不免会受到一定程度的抑制，尤其是基层群众的创造能力很难得到充分的发挥。随着我国城市化和市场化水平的不断提高，市场经济在资源配置中的基础性作用得到发挥，要素的流动和集聚以要素价格为基础进行空间的选择，城市群作为城市化水平最高的空间集聚体，其高度集聚和规模经济特征只有在市场的自由选择下才能发挥最大效益，而依靠政府的行政力量推动城市化和城市间的空间融合不能实现效率的最优化。城市群未来的发展应逐渐树立自下而上的主导型推动模式，充分发挥市场机制的作用，在区域发展规划的前提下，通过价格机制让要素充分流动，让产业在城市群间、城市群内部自由选择，获得最优效率。在市场主导型的城市化过程中，政府可以通过提供适合市场经济的政策供给，优化各类公共基础设施，提高公共服务水平，使城市群的公共利益与投资者的利益方向趋同。同时，鼓励公民积极主动地参与城市化，市场使资本拥有者和公民二者的利益通过城市化得以实现。所以，市场机制下的城市化主要是由利益机制发挥作用的，是可以为社会公众带来福利的，因而规模更大，动力更足。

（四）逐步建立需求导向型区域规划

城市化的国际经验和我国城市化的实践表明，城市规划对城市的发展至关重要，城市群作为多城市间的组合体更需要科学规划，科学规划为城市群未来发展提供了一种可靠的发展路径，对于提高城市群的空间经济整合、要素整合、产业集聚和规模经济效益发挥十分重要的作用。目前我国陆续制定和公布了城市群发展规划。我国过去的区域规划存在诸多的问题，如规划中各区域间存在较多的交叉和矛盾，重经济物质建设、忽略综合发展效益，编制方法单一，公众参与度低，过程不够透明，注重短期利益，忽视规划的公共性和连续性等。总体来看，我国过去的区域和城市规划是供给主导型规划，即政府基于本地发展需要，主导并编制城市规划。为了配合未来我国城市群协调发展和市场化的需要，原有的城市群规划需要改变过去供给主导型的区域规划思路，建立符合现实需要的需求导向型城市群规划。需求导向型区域规划是以社会公众需求和社会发展、制度安排需要为基本依据制定区域未来一定时期内的发展方向和行动纲领。需求导向型区域规划是基于需求管理理论的资源综合利用、公众广泛参与、科学发展观的综合体。需求导向型区域规划的基本思想是，转变传统的供给计划规划资源思想，把最终消费的需求方作为一种重要的规划资源，在政府制定规划中引入需求管理理念，在制定规划的全过程、全要素中充分考虑需求者——公众的真实需要和感受，提前将未来的需求计划性地分配在不同的时间段内，从而有效控制使用区域内的生产要素和各种资源，达到以人为本、综合平衡各种诉求、效益与公平统一的科学发展目标（见表2－3）。

表 2－3　供给导向型区域规划与需求导向型区域规划的主要区别

类别	供给导向型区域规划	需求导向型区域规划
规划思想	供给方处于领导地位，需求方接受既定现实	将需求方作为规划的依据和资源，鼓励需求方参与全过程，充分重视最终消费端
规划对象	市场和供给方	最终消费端和其他需求主体
协调利益	主要依靠供给方的规划来实现	通过需求方的自我约束和克制供给方的市场控制力，降低外部性
公共参与度	很低	较高
公共态度	不支持或者被动接受	支持度较高
公共价值目标	相对较低	相对较高
调控路径	对过程和结果的管理	对起点、源头的管理
资源配置效率	相对较低	相对较高

政府在需求主导型区域规划中应扮演需求管理者、实施者和协

调者的角色。政府作为需求管理者在充分掌握区域发展的基本信息和发展动态之后，全面了解社会公众的需求，来组织和编制区域规划，一方面可以充分满足社会公众的需求，另一方面也使得未来区域规划的供给与需求形成平衡。政府的实施者角色要求最终的规划由政府来统一安排实施，包括直接起草规划和实施规划，或者监督第三方按照需求导向来编制规划和实施规划。协调者的角色是指在城市群规划制定过程中需要协调好城市群之间、城市群内部城市之间的局部利益和整体利益、短期利益和长期利益，以期获得城市群规划的整体经济社会效益。

（五）完善城市群协调机制

当前，我国城乡经济发展差异依然较大，统筹城乡协调发展是区域经济走向均衡发展的必然要求。城市群作为我国经济最发达、最具有区域带动作用的区域，是促进区域和城乡协调发展的重要基础。一方面，我国 24 个城市群要继续保持经济发展的领先和示范作用，继续发挥集聚和规模经济效应，提升综合竞争力，保持区域经济发展的引擎作用；另一方面，城市群与落后地区之间形成反哺机制，通过中央财政转移支付、对口援建、产业转移、项目优先等政策扶持落后地区快速发展，警惕对周边落后地区资源和要素的抽空效应，避免同周围地区形成过大的经济势差。与此同时，城市群之间、城市群内部也需要形成良性的协调发展机制。当前城市竞争日益激烈，城市群之间、城市群内部各城市间的区域摩擦趋于频繁，需要建立国家层面和城市群层面的协调机构和协调机制。在国家层面上，建立 24 个城市群的综合协调机制，如设立国家城市群协调工作委员会，统一制定全国层面上的城市群发展规划，统一部署各城市群间的产业布局和发展定位，处理各类冲突，定期举行城市群联席会议、市长论坛等，建立共享的城市群合作发展信息平台。在城市群内部，建立统一的协调机制，建立城市群内各城市自上而下的垂直领导和利益互动机制已经较为成熟，在充分发挥已有垂直合作的基础上，特别要建立跨区域层面、区域内部各城市之间的水平合作机制，对此国内已经有相关的探索和实践，如长三角城市群已经举办了 15 次长三角城市经济协调会市长联席会议，通过该会议协调长三角地区城市间的各类发展问题，并取得了良好的成果。为推进环渤海区域经济、文化等各方面协调发展，通过平等协商自愿参加组成政府间区域性合作组织，成立了环渤海区域合作市长联席会，为京津冀城市群和环渤海地区提供了一个区域发展协调的平台。

建立各类跨区域的行业协会，可以提升城市群内外的专业化和分工，提供各类供需信息、谈判机制，降低城市群内外的交易成本，促进城市群内外的融合。要加快城市群协调机制的法制化进程，通过立法规范城市群的发展并保障城市群内外部协调发展，如考虑修改《中华人民共和国城乡规划法》，增加关于城市群发展的法律和法规。进行财政制度改革，改变财政分权制度所形成的地方各自只追求本地区利益而忽略周围地区的现状，充分利用好财政转移支付政策，通过财政转移支付来实现城市群内外的协调分配。

（六）逐步形成一致的城市群共同利益和城市价值

虽然目前涉及城市群的相关区域规划中并未明确提出达成一致的城市群共同利益和城市价值，但是从中国参与国际竞争和远期的发展目标来看，中国的城市群要在全球城市群中发挥全球资源配置中心的作用，必须使国内城市群的竞争力形成合力，城市群的这种合力来自城市群整体的协调和城市群共同利益及城市价值的一致。随着城市竞争日益激烈，各城市基于自身利益考虑往往会设置各种适合本地发展的政策，对其他临近区域的城市形成了一种天然的排斥力，不利于形成协调发展的局面。随着全球化和国际分工的不断深入，城市群的发展需要形成联动和协调发展的动力，因此构建共同的城市群利益体十分必要。构建共同的城市群利益体需要城市群经济整合，这种经济整合是指在城市群经济发展中，为提高产业的集约化程度、扩大经营规模，达到有效配置经济资源和城市群内优势互补，增强经济竞争力，对其经济的组织结构、产业组织、发展模式、经济资源利用等进行战略性重组和调整的过程。城市群在经济发展上应当考虑整体布局，更加强化横向联系，而事实上，城市群内部的核心城市间在发展中往往没有重视横向协作与整合。因此要通过经济整合形成联动的发展局面，一方面在城市群之间形成科学的功能定位和产业分工，强化城市群间的跨区域合作，形成共同的战略合作和共赢互利的合作框架；另一方面在城市群内部要加强经济整合，从产业、基础设施、市场、交通、政策上加强统一协调，同时关注区域自身的比较优势，最大限度发挥本地优势，获得城市群整体的经济效益。通过形成共同的城市群利益体来实现各自的城市价值，从而在未来全球城市群竞争格局中，形成中国城市群的整体竞争力，获得全球资源配置的话语权。

三　中国城市群未来发展展望

（一）成为世界高端城市的聚集地、全球资源配置的中心

中国国家竞争力将随着中国经济的发展稳步提升，城市化是未来中国经济增长的核心动力，而城市群的发展是衡量城市化水平的重要标准。美国经济学家斯蒂格利茨曾经指出，影响21世纪人类社会进程的最深刻的两件事，一个是美国的信息技术革命，另一个是中国的城市化。中国的城市化不仅决定了中国的未来，而且决定了世界城市化的未来。因此，要提升中国城市群的整体竞争力，必须通过重点提升中国城市群的国际竞争力，重点培育中西部地区的重点城市群。未来，随着三大城市群国际竞争力的迅速提升，香港地

区将继续保持世界城市和亚太乃至全球金融中心的地位，上海将成为国际经济、金融、航运中心，北京将成为全球重要的政治、文化、科技中心，以三大中心城市为首的三大城市群将步入全球重要的资源配置中心，成为高端人才、全球投资、科技创新、优势产业的重要集聚地，成为全球重要的经济增长极和影响全球经济的重要区域板块，在国际竞争中和大宗商品定价上获得话语权。其中，长三角城市群将继续稳居全球城市群前列，珠三角和京津冀城市群将步入全球十大城市群之列。山东半岛、辽中南、中原、武汉、海峡西岸、成渝和关中—天水城市群将成为我国乃至亚太地区重要的城市群，集聚部分全球高端要素、影响区域和全国经济，成为我国的次级城市群。

（二）城市群空间趋于网络化、扁平化

托马斯·弗里德曼在《世界是平的》一书中认为，全球化促使世界变得平坦。戴维·斯密克和理查德·佛罗里达等人则认为全球化下，世界不是平坦的，而是倾斜的，世界的资源向着具有区位优势的地区流动。弗里德曼是从扩散的角度来分析全球化下的经济活动，佛罗里达则是从聚集的角度来分析全球化下的经济活动。目前，中国的区域和城市发展存在过度倾斜的现象，如城乡差距、地区差距、城市群间差距、城市群内部差距依然较大，区域内部中心城市高高耸立，大都市边缘城乡停滞和衰落，国家区域政策向中心城市倾斜，这些都是城市化发展初期阶段为了追求效率所出现的一种"合理"的倾斜状态。未来，中国的全面现代化将率先在城市群中实现，随着交通路网、社会公共服务水平的均等化、现代生活方式的趋同、文化融合不断加强，城市群间的行政壁垒逐步淡化，城市群内部同城化效应越来越明显，各城市间协同发展，城市间由交通网、消费网、文化网、就业网、产业网、信息网等子网络将城市群编织成一张网络化空间图，城市群越来越像一个整体性的大都市。城市群内部的要素和资源在经历过高度集聚的发展后逐步走向整体的扩散，城市群内部各城市最终形成了分工明确、功能合理、产业布局协调的扁平化城市体系。同时，由于城市群规模的不断扩大，城市群的管理逐渐走向扁平化，如"省直管县""财政分权不断弱化""城市社区管理扁平化"，以扁平化的管理方式来适应城市群高度复杂的管理需要，充分发挥市场经济的灵活性，管理效率将会大大提高。

（三）城市发展与人的发展同步

城市是作为物质流、信息流、资本流、文化流、人力流在空间上的集聚体，城市既为生产实现了规模和集聚效应，也实现了空间的节约和紧凑，其发展的根本目标在于为本地区集聚要素、创造财富和居民获取福利。因此，城市的发展需要与人的发展保持同步，城市化是人类文明的重要体现之一，城市化的发展成果理应由居民分享，时刻关注人的需要。城市群作为我国城市化的最高水平，代表中国直接参与全球城市竞争，需要树立城市发展以人为本的思想，积极为城市居民创造良好的公共服务设施、优美的生态居住环境、良好的社会保障体系、一流的教育医疗文化资源，满足全社会居民的各项生产、消费、娱乐、生活需要，着力提高居民的幸福感。特别是在城市发展过程中，要逐步抛弃唯 GDP 的目标观，注重城市经济发展的质量，创造良好的社会公平环境，建立居民的利益诉求表达机制、居民参与城市建设和发展的参与机制，创建良好的城市文明和生态环境，将城市的发展全过程融入促进人的全面发展过程之中，建立和谐的城市公共关系、人与人之间的融洽关系、人与自然的和谐关系。总之，城市的发展要以人为本，关注和满足人的现实需求，实现城市与人和自然的共同和谐发展。

（四）城市价值链趋于合理，城市群战略空间多元化

目前我国已经成为经济规模全球第二，全球最大出口国，全球第二大进口国。我国综合国家竞争力不断提升，使中国的政治、经济、文化、科技、军事迈向世界前列。在经济全球化和国际产业分工不断深化的背景下，中国的产业在全球价值链中一直位于低端环节和下游区位，具体表现为高耗能、高投入、低附加值产出，中国的增长奇迹是以大量要素投入、生态环境破坏和资源消耗等不可持续的发展为代价的。相比国际城市价值链，中国的城市产业结构的空间布局分散，集中度较低，需要突破行政区域限制空间的成本十分巨大，城市群内外尚未形成完整的城市价值链；当前中国的城市和城市群的资本价值链整体上缺少国际关系和国际市场一体化的支撑，金融产业及相关产业缺少集约性和空间规模的特征，尚未真正形成与全球化相匹配的资本价值链经营体系。纽约、伦敦、东京、巴黎等全球一流城市本身的地方性价值和品牌价值为城市的国际性价值提供了支撑，而我国的城市文化与品质特性尚未形成全球影响力，从而缺乏地方性价值而难以获得世界性价值；另外，中国的城市缺乏市民的共同价值取向，城市国际化法律服务体系与国际无法接轨，不合理的国际高端服务业结构和城市品牌营销等，均是影响中国城市及城市群融入全球城市价值链高端区位的重要原因。从全球产业价值链来看，中国目前的城市产业价值仍然总体处于微笑曲线的中部（组装、制造）获利低位区，作为中国现代化水平最高的城市群，应全面融入全球城市价值链，向微笑曲线的两端（技术、专利、品牌、服务等）获利高位区转型。

城市群在不同的发展阶段，具有不同的发展战略。城市群作为中国未来经济持续增长的引擎，必须具有足够的发展战略空间，从而获得推动区域发展的持续性的动力。未来的发展空间，一是实体

经济向虚拟经济扩张，产业链融合度加深，嵌入式产业促进产业结构更加稳固；二是交易成本中的地理和空间因素影响逐步减小；三是空间载体不断扩展，由单纯的地理表面区域向地下、空中、海洋扩展；四是生产中劳动的物化价值不断增大，即人力资本报酬在商品价值的创造中不断提高。城市群的发展战略空间将与未来经济发展趋势的联系更加紧密，城市群具备良好的集聚效应和规模经济，既有巨大的实体经济支撑，又有实现虚拟经济的各类集聚要素，即信息平台、科技创新、完整产业链等。随着电子商务在城市的不断发展，网络信息为城市的各类供给提供了广阔的市场空间；城市群综合交通网络的发展和城市现代物流的进步，使得地理空间的运输成本变得越来越小。城市群多依大海、江河，在城市土地供给有限的情况下，海洋和江河成为重要的经济载体，城市群的经济延伸空间具有向海洋、地下和空中发展的天然经济条件。而城市群的人口和产业集聚优势也将使现代服务业成为未来发展的重要方向，城市群吸引了全国最优秀的人才，城市可以为他们支付更高的工资。

中国的城市群发展空间将更加广阔。从目前我国已有的城市群发展规划中不难看出，发展现代服务业和大力扩展海洋经济是两个重要的战略空间。前者包括高科技的新兴产业、金融服务业、民生领域的健康保健和养老服务业、生产性服务业等，后者则包括海洋渔业、海洋能源开发、海洋旅游等。这些产业符合城市群的经济发展特征和经济持续增长的要求。

（五）逐步向智慧城市、知识城市、低碳城市、创新型城市转型

未来的城市群将走向以知识、文明、和谐为特征的新型城市空间组合。城市群将逐步实现新型城市组合，即迈向智慧型、知识型、低碳型、创新型城市空间组合。智慧城市是新一代信息技术支撑、知识社会下一代创新环境下的城市形态。智慧城市通过物联网、云

计算等新一代信息技术以及维基、社交网络、综合集成等工具和方法的应用，实现全面透彻的感知、宽带网络的互联、智能融合的应用以及以用户创新、开放创新、大众创新、协同创新为特征的可持续创新。伴随网络化的崛起、移动技术的融合发展以及创新的民主化进程，知识社会环境下的智慧城市是继数字城市之后信息化城市发展的高级形态。显然，智慧城市是基于信息化和沟通为基础的一种理想城市空间，未来的城市群通过高度的信息化和协同化来为城市居民提供便捷的、高效的生活方式。中国的不少城市已经开始了智慧城市的建设，如长三角城市群内的各城市已经开始规划建设智慧型城市，如《上海市国民经济和社会发展第十二个五年规划纲要》将"创建面向未来的智慧城市"作为重要组成部分，提出"建设以数字化、网络化、智能化为主要特征的智慧城市"。杭州也发布了《杭州智慧城市总体规划》，并正式开放"4G 全城体验"，市民只要办理相关业务，领取一台 4G 高速无线网关，就可以成为移动 4G 网络的全国首批免费体验用户，同时杭州成为全国首个免费开放 WiFi 的城市，杭州市民和游客能免费使用室外 WiFi 网络。

知识城市，指通过研发、技术和智慧创造高附加值产品和服务，从而推动城市发展。在社会的各个领域，都执行一种鼓励知识培育、技术创新、科学研究和创造力的发展战略，将知识置于城市规划和经济发展的中心地位，将知识管理和智力资本规划相结合，促进知识传播和创新，为创造高附加值的产品和服务提供可持续的环境，从而打造出在未来国际竞争中获得核心地位的城市。

随着城市化的发展，城市病日益突出，为了树立绿色环保型城市发展理念，近年来低碳城市成为一种趋势。低碳城市指以低碳经济为发展模式及方向、市民以低碳生活为理念和行为特征、政府公务管理层以低碳社会为建设标本和蓝图的城市。为了转变过去的发展方式，城市的转型发展需要依赖创新，由此产生了创新型城市的发展理念，创新型城市是指主要依靠科技、知识、人力、文化、体制等创新要素驱动发展的城市，对其他区域具有高端辐射与引领作用。创新型城市的内涵一般体现在思想观念创新、发展模式创新、机制体制创新、对外开放创新、企业管理创新和城市管理创新等方面。未来中国的城市群将同步整合智慧、知识、低碳、创新发展理念，走知识、文明、和谐、创新为特征的发展转型之路。

第三章　哈长城市群空间范围与
发育情况概述

第一节　哈长城市群空间范围

一　哈长城市群范围界定标准

城市群具有边界模糊性和城市辐射范围的阶段性与模糊性等典型特征，国内外学者针对这个复杂、开放的巨系统从不同侧面和角度提出了城市群空间范围的识别标准。

（一）法国 J. Gottmann 关于城市群空间范围的识别标准

法国地理学家 J. Gottmann 在 1957 年提出了形成城市群或"大城市带"的 5 个标准：一是区域内有较密集的城市；二是相当多的大城市形成各自的都市区，核心城市与都市区外围地区有密切的社会经济联系；三是有联系方便的交通走廊把核心城市连接起来，各都市区之间没有间隔，且联系密切；四是必须达到相当大的总规模，人口在 2500 万人以上；五是具有国际交往枢纽的作用。

（二）日本城市群空间范围的识别标准

日本于 1950 年提出"都市圈"的概念，并于 1960 年将"大都市圈"概念重新定义，规定：中心城市为中央指定市或人口规模在

100 万人以上，并且邻近有 50 万人口以上的城市，外围地区到中心城市的通勤人口不低于其本身人口的 15%，大都市圈之间的货物运输量不得超过总运输量的 25%。

（三）周一星、苗长虹、姚士谋等学者关于城市群空间范围的识别标准

1995 年，周一星教授提出了中国都市区的界定标准，随后在对都市区空间范围和都市连绵区形成条件分析的基础上，又提出了都市连绵区空间范围识别的五大指标；苗长虹教授认为城市群是在一定规模的地域范围内，以一定数量的超大或特大城市为核心，以众多中小城镇为依托，以多个都市为基础，城镇之间、城乡之间紧密联系而形成的具有一定城镇密度的城市功能地域，并结合我国城市群发育的实际和向都市连绵区演化的潜力，提出我国城市群空间范围界定的六大标准；姚士谋教授在《中国城市群》论著中，从人口数量、比重、交通、工业产值等几个方面提出了中国城市群空间范围的十大识别标准。

（四）倪鹏飞关于城市群空间范围的识别标准

在《中国城市竞争力报告（2008 年）》中，倪鹏飞采用以定性为主的分析方法，提出城市群空间等级识别体系和阶段标准，将城市群划分为潜在区域级城市群、区域级城市群、国家级城市群和世界级城市群（见表 3 - 1）。

表 3 - 1　城市群空间等级识别体系和阶段标准

指　标	指标解释	潜在区域级城市群	区域级城市群	国际级城市群	世界级城市群
人口条件	人口总量	○	○	○	○
经济规模	经济总量	○	○	○	○

指 标	指标解释	潜在区域级城市群	区域级城市群	国际级城市群	世界级城市群
区位条件	区外交通条件	○	○	○	○
	区内基础设施	—	○	○○	○○○
政府规划	相关配套政策	—	○	○○	○○○
影响力	实际影响范围		○	○○	○○○
	战略影响范围	—	○○	○○○	○○○○

注：标有○的说明城市群具备了该项条件，○数量的多少表明相关城市群具备该条件的程度。

（五）《中国城市群发展报告（2010）》关于城市群基本判定

《中国城市群发展报告（2010）》提出中国城市群空间范围识别的七大标准：一是城市群内都市圈或大城市数量少于 3 个，其中作为核心城市的城镇人口大于 100 万人的特大或超大城市至少有 1 个；二是城市群内人口规模不低于 2000 万人，其中城镇人口规模不少于 1000 万人，区域城市化水平大于 50%；三是城市群人均 GDP 超过 3000 美元，工业化程度较高，一般处于工业化中后期；四是城市群经济密度大于 500 万元/平方公里，经济外向度大于 30%；五是城市群铁路网密度为 250 ~ 350 公里/万平方公里，公路网密度为 2000 ~ 2500 公里/万平方公里，基本形成高度发达的综合运输通道，核心城市到紧密圈外围的时间不到半个小时；六是城市群非农产业产值比率超过 70%；七是城市群内核心城市 GDP 的中心度大于 45%，具有跨省级的城市功能。

综上所述，分析国内外专家有关都市区、都市圈、城市群、都市连绵区等的判断指标和标准，在吸收各家相关指标和标准的基础上，充分考虑中国所处的城市化发展阶段、中国城市化在经济全球化时代的重要地位和国际地位，以及中国城市群形成发育中政府主导的国家特色，本书以《中国城市群发展报告（2010）》的识别标准为蓝本，结合各位学者的结论，选取中国城市群识别标准的 9 项具体指标（见表 3 - 2）。

表 3 - 2　城市群识别诊断标准体系

指标	参考值
地级市数量	≥3 个
100 万人口以上城市个数	≥1 个
人口规模	≥2000 万人
城市化水平	≥50%
人均 GDP	≥3000 美元
经济密度	≥500 万元/平方公里
经济外向度	≥30%
非农产业产值比重	≥70%
社会消费品零售总额占 GDP 比重	≥45%

二　哈长城市群的范围界定与划定依据

（一）广义尺度的划定依据与空间范围

1. 空间范围

基于全国主体功能区划对哈长地区城市化空间的确定，兼顾考虑未来东北地区发展的新机遇与新要求，在保证行政单元完整性的前提下，确定广义尺度的哈长城市群国土总面积 52.14 万平方公里，其空间范围见表 3 - 3 和图 3 - 1。

表 3 - 3　广义尺度哈长城市群空间范围

省份	空间结构要素	地级市（州）	国土面积
黑龙江	哈大齐城市组群、黑龙江东部城镇组群；滨绥—滨州城镇发展轴、哈大城镇发展轴	哈尔滨、齐齐哈尔、牡丹江、佳木斯、大庆、伊春、鸡西、鹤岗、双鸭山、七台河、绥化	33.40 万平方公里

省份	空间结构要素	地级市（州）	国土面积
吉林	吉林中部城镇组群、图们江城镇组群、通丹白城镇组群、白乌城镇组群； 图乌城镇发展轴、哈大城镇发展轴	长春、吉林、松原、四平、辽源、通化、白城、白山、延边	18.74 万平方公里

图 3-1 广义尺度哈长城市群空间范围

2. 划定依据

（1）全国主体功能区划的布局引导。2010 年出台的《全国主体功能区划》明确提出了"哈长地区"的概念，指出该区域位于全国

"两横三纵"城市化战略格局中京哈京广通道纵轴的北端，包括黑龙江省的哈大齐（哈尔滨、大庆、齐齐哈尔）工业走廊和牡绥（牡丹江、绥芬河）地区以及吉林省的长吉图经济区（长春、吉林、图们江），并指出哈长区域的功能定位为："我国面向东北亚地区和俄罗斯对外开放的重要门户，全国重要的能源、装备制造基地，区域性的原材料、石化、生物、高新技术产业和农产品加工基地，带动东北地区发展的重要增长极。"

（2）国家新型城镇化的战略要求。《国家新型城镇化规划（2014～2020）》提出："加大对内对外开放力度，有序承接国际及沿海地区产业转移，依托优势资源发展特色产业，加快新型工业化进程……培育发展中西部地区城市群，强调加快培育成渝、中原、长江中游、哈长等城市群，使之成为推动国土空间均衡开发、引领区域经济发展的重要增长极。"

（3）东北东部经济带发展规划的发展引导。《东北东部经济带发展规划（2014～2020年）》指出，东北东部发展有利于推进东北亚国际合作和对外开放，推动区域经济开发开放再上新台阶；未来应依托东北东部铁路、高速公路等主要交通通道，发挥东北东部延边、沿江、沿海发展优势，优化产业分工，引导产业集聚，合理谋划生态空间，优化粮食生产布局，形成产业布局合理、城市各具特色、口岸协同发展、对外通道畅通的"一轴（沿东北东部铁路、高速公路绿色城市发展轴）、一带（中朝、中俄延边经济带）"的空间开发格局。

（4）中国城市群发展报告的发展引导。《中国城市群发展报告（2010）》指出哈大长城市群包括吉林省的长春、吉林、松原和黑龙江省的哈尔滨、齐齐哈尔、大庆6市，共17个城市（县级市和地级市）和356个建制镇。指出哈大长城市群是国家振兴东北老工业基地的重要城市群，也是中国面向东北亚地区合作的前卫城市群。

（5）吉林省特色城镇化发展规划的指引。《吉林省城镇化发展规划》的前期课题研究中明确提出吉林省要以"提升中部、开放东部、带动西部"和"强化集聚、构筑指点、轴带串联、开放整合、区域联动"为策略，重点打造"二群、两团、四带"的空间布局结构。其中，"二群"是指吉林中部城市群和图们江区域城市群，"两团"是指通白组团和白城组团，"四带"分别指图乌城镇发展轴、哈大城镇发展轴两个一级轴带和南部门户发展轴、东部沿边开放城镇带两个二级轴带。

（6）黑龙江省城镇体系规划的指导。黑龙江省城镇体系空间布局结构可以概括为"一心、两翼、三区、四轴"。其中，"一心"为哈尔滨大都市圈，"两翼"分别为哈大齐走廊城市和有牡丹江城镇族群、佳木斯城镇组群构成的东部城镇组群发展区，"三区"为演变开放地区的黑河—布拉戈维申斯克，抚（远）同（江）—哈巴罗夫斯克，绥（芬河）东（宁）—乌苏里斯克三个中俄跨境城市发展区；"四轴"指滨州—滨绥一级轴线，哈北黑轴线、东部城镇发展轴线、哈同福州西安三条二级轴线构成的"一横三纵"的城市发展轴。

综上所述，为实现哈长城市群作为中国面向东北亚地区合作的前卫城市群的职能，需以串联主要城市化地区的哈长城镇发展带、图乌城镇发展带、滨州—滨绥城镇发展带以及以对外沟通联系为主的东北东部城镇经济带为空间架构，打造串联地级行政单元的城市群。

3. 广义尺度的哈长城市群达标情况评价

依据本研究确定的城市群识别诊断9项指标体系，研究评估在政府主导建设下，广义尺度范围的哈长城市群是否具备城市群建设条件以及有待提升的建设方向见表3-4。

表 3-4　广义尺度的哈长城市群达标情况评价

指标	参考值	现实值
地级市数量	≥3 个	20
100 万人口以上城市个数	≥1 个	5
人口规模	≥2000 万人	6273.11
城市化水平	≥50%	47.36
人均 GDP	≥3000 美元	7075.00
经济密度	≥500 万元/平方公里	540.44
经济外向度	≥30%	9.57
非农产业产值比率	≥70%	86.20
社会消费品零售总额占 GDP 比重	≥45%	35.92

注：资料来源：根据《黑龙江统计年鉴（2013 年）》《吉林统计年鉴（2013 年）》《中国城市统计年鉴（2013）》计算所得。汇率运算以 2012 年为准，1 美元 ≈ 6.22537 元人民币。

广义尺度有 6 项指标达到城市群标准（其中社会消费品零售总额占 GDP 比重、城市化水平、经济外向度不达标），按照 2/3 以上指标达标的要求判断，可判定其城市群的确立。广义哈长城市群的人口规模及地级市数量偏大，属必然现象；虽然经济外向度尚不达标，哈长城市群未来对外发展可借助东北东部经济带予以实现。

（二）中观尺度的空间范围

为充分突出地缘优势，做好边疆合作，按照"借港、强轴、做边、聚合"的发展策略，不断丰富哈长城市群内开放的实质内涵，实施推进图乌发展轴西进，滨绥—滨州东扩，打造实施做好窗口、做大前沿、做强腹地、辐射南北、东进西联，完善东北亚国际合作的哈大齐牡城镇组群和长吉图白城镇组群。其中，黑龙江省哈大齐牡城镇组群包括滨州—滨绥线沿线地级市，吉林省长吉图白城镇组群包括图乌线沿线地级城市及其所辐射的地级市。

（三）狭义尺度的界定依据与空间范围

1. 空间范围

考虑吉林省与黑龙江省人口、资金、基础设施等的集聚程度，考虑核心城市辐射带动能力及未来东北东部地区的门户作用，在保证行政单元完整性的前提下，确定狭义尺度的哈长城市群国土总面积25.4万平方公里，其空间范围见表3-5和图3-2。

表3-5 狭义尺度哈长城市群空间范围

省份	空间结构要素	地级市	县级市（县）	国土面积
黑龙江	哈大齐城市群	哈尔滨、齐齐哈尔、大庆、绥化	尚志、五常、讷河、肇东、安达、海伦	15.43万平方公里
吉 林	吉林中部城市群	长春、吉林、松原、四平、辽源	九台、德惠、榆树、舒兰、蛟河、桦甸、磐石、双辽、公主岭、扶余、梅河口、柳河和辉南	9.97万平方公里

2. 划定依据

狭义尺度哈长城市群范围的划定时，不仅要参考广义尺度的划定依据，同时要着重参考以下依据内容：

（1）吉林中部城市规划发展引导

东北师范大学城乡规划设计研究院编制的《吉林省中部城镇群规划（2006~2020）》确定，吉林中部城市发展应打造成"一圈""一心""六轴""三区"的空间组织格局。吉林省发改委确定的《吉林中部城市规划》指出，吉林中部城市发展应在"哈大—珲乌"大十字交通主轴的框架下，以城镇化为主题，布局交通、产业人口，有效利用土地，环核建圈、依轴造带、按级分层，构建"一核、两圈、六带、四层"的空间格局，形成城镇体系完善、产城互动密切、土地集约节约、人口分布合理的集中城市群，构建北依哈长城市群、

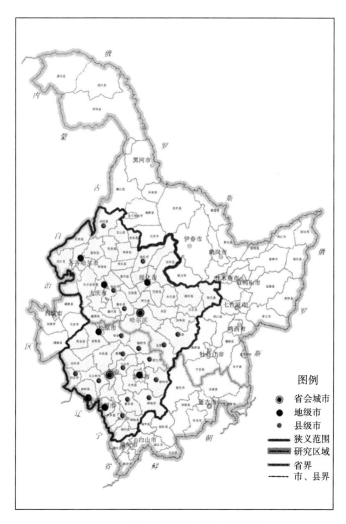

图 3 - 2　狭义尺度哈长城市群空间范围

南向辽中南城市群、左携东部长白山延边经济带、右靠西部生态区的格局。

（2）哈大齐城市群发展规划引导

哈大齐城市群位于黑龙江省西南部，是黑龙江省城镇体系发育最为完备的地区，空间上呈现以铁路干线为主要推进和演化载体，形成哈尔滨、齐齐哈尔、大庆三个核心城市在功能上互补协调发展，形成农业—矿产资源—加工工业的功能结构系统格局。将哈大齐城市群打造成为我国重型机械制造重型和石油基地，北方重要的交通枢纽和高新技术产业基地。实施巩固壮大哈尔滨大都市圈核心职能，实施加快建设哈大齐交通走廊以及扶持经济低谷地区发展等战略。

综上所述，吉林中部城市群和哈大齐城市群俨然是吉林省与黑龙江两省的核心区域，亦是哈长城市群未来发展的重点区域，并以哈长城镇发展带、图乌城镇发展带、滨州—滨绥城镇发展带为主要支撑。考虑核心区域地处两省腹地中心，未来发展应充分考虑借力东部沿边城镇经济带，以发挥沿边城市的门户口岸作用，形成口岸与核心良性互动的格局，形成狭义尺度城市群的协调发展格局。

3. 狭义尺度的哈长城市群达标情况评价

依据本研究确定的城市群识别诊断 9 项指标体系，研究评估在政府主导建设下，狭义尺度范围的哈长城市群是否具备城市群建设条件以及有待提升的建设方向见表 3 - 6。

表 3 - 6　狭义尺度哈长城市群空间范围界定的指标评价

指标	参考值	现实值
地级市数量	≥3 个	9
100 万人口以上城市个数	≥1 个	5
人口规模	≥2000 万人	4481.35
城市化水平	≥50%	41.76
人均 GDP	≥3000 美元	7680
经济密度	≥500 万元/平方公里	866.57
经济外向度	≥30%	8.77
非农产业产值比率	≥70%	87.93
社会消费品零售总额占 GDP 比重	≥45%	45.60

注：资料来源：根据《黑龙江统计年鉴（2013）》《吉林统计年鉴（2013）》《中国城市统计年鉴（2013）》计算所得。汇率运算以 2012 年为准，1 美元≈6.22537 元人民币。

狭义层次有 7 项指标达到标准（其中城市化水平和经济外向度

不达标），按照2/3以上指标达标的要求判断，可判定其城市群的确立。狭义哈长城市群在非农产业产值比率、社会消费品零售总额、人均GDP以及经济密度等经济指标上普遍较高，表明从经济发展与区域建设紧密性角度而言，狭义哈长城市群有着较为明显的优势，更加符合城市群的内涵与要求。

三　哈长城市群发展定位与空间格局

（一）发展定位

1. 具有世界影响的东北亚地区重要的经济增长极

通过对城镇群内部城镇空间结构的优化整合，依托核心城市的资源优势和雄厚的产业基础，将哈长城市群打造成世界级先进装备制造业基地、石油化工基地、农副产品生产加工基地和高端综合服务业基地，使其发展成为具有世界影响的东北亚地区重要的经济增长极。

2. 东北地区经济发展的重要"核心区"

抓住国家对哈长城市群重点培育的战略机遇，充分利用振兴东北老工业基地政策，以开发区和工业集中区为载体，加快发展要素集聚，为东北地区的产业拓展和梯度转移提供广阔空间，促进产业链的整合与提升，成为带动整个东北地区经济发展的要核心区。

3. 东北地区智慧生态宜居城市群

树立以人为本、绿色发展理念，治理大气、土壤、水源污染，保护森林、草原、湿地环境，打造田园式生态城市群。加强法制文明建设，弘扬黑土地特色文化，倡导绿色生活和消费方式。建设安全高效的市政公用设施体系，统筹发展教育、卫生、文化、体育、养老等公共服务，创新城市管理。推动跨行业、跨地区信息共享，促进城市规划管理信息化、基础设施智能化、公共服务便捷化、社会管理精细化，形成人居环境舒适、人文社会环境良好、生态自然环境优美、具有东北特色的智慧生态宜居城市群。

（二）空间格局

1. 广义尺度的空间格局构造

依据哈长城市群现阶段发展状况，依托哈长城市群重要铁路、高速公路等主要交通通道，构造以哈尔滨大都市圈、长吉一体化都市区为核心，建设哈大齐城镇组群、吉林中部城镇组群、黑龙江东部城镇组群、图们江区域城镇组群、通丹白城镇组群、白乌城镇组群，哈大城镇经济带、绥满城镇经济带、图乌城镇经济带、东北东部城镇经济带，构建"两核、四带、六组群"的空间结构（见图3-3）。

2. 中观尺度的空间格局构造

为充分突出地缘优势，做好边疆合作，按照"借港、强轴、做边、聚合"的发展策略，不断丰富哈长城市群内开放的实质内涵，实施推进图乌发展轴西进、滨绥—滨州东扩，打造实施做好窗口、做大前沿、做强腹地、辐射南北、东进西联，完善东北亚国际合作的**哈大齐牡城镇组群和长吉图白城镇组群**。

其中，长吉图白城镇组群包括积极构建"一廊三区"空间格局。"一廊"即长吉图国际合作走廊，"三区"即长吉图中朝俄珲春—罗津国际合作区、长吉图国际合作核心区—长吉联合都市区、中蒙俄国际合作示范区。

3. 狭义尺度的空间格局构造

根据近年来国家相关政策及东北地区空间格局变化，结合黑龙江省与吉林省城镇发展形态，凭借自身区位优势、资源条件、产业基础，依托滨洲、哈大、图乌等交通轴线，构建以哈尔滨大都市圈、长吉一体化都市区为核心，哈大齐城镇组群、吉林中部城镇组群和哈大城镇经济带、哈大齐牡城镇经济带、图乌城镇经济带为支撑的

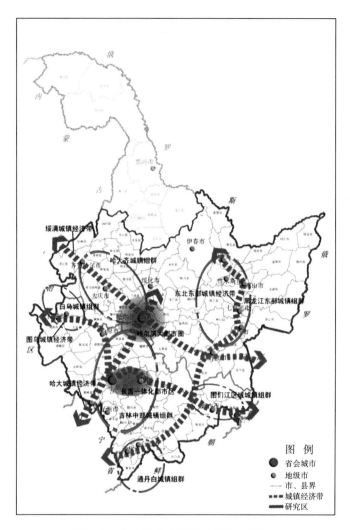

图 3 - 3　广义尺度哈长城市群空间结构图

"两核、三带、两组群"城市体系空间格局。

其中，"两核"即哈尔滨大都市圈、长吉一体化都市区，"三带"即哈大城镇经济带、哈大齐牡城镇经济带、图乌城镇经济带，"两组群"即哈大齐城镇组群、吉林中部城镇组群（见图 3 - 4）。

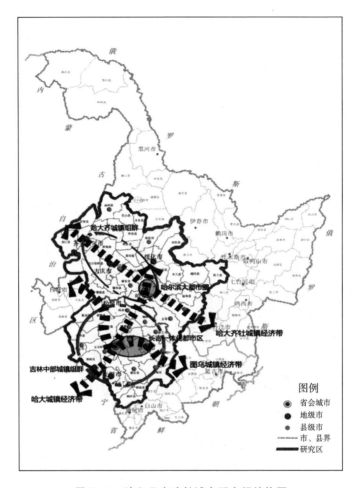

图 3 - 4　狭义尺度哈长城市群空间结构图

第二节　哈长城市群发展阶段识别

　　通过对目前有关城市群界定和城市群发展研究的相关文献进行
总结，可以认为当前对城市群发展阶段界定和识别有两种主流的分
析方法：第一种方法主要是通过对城市群的地理属性进行分析，然
后综合城市之间的物质流、人流、信息流等数据，通过借用地理学
的有关研究方法，对城市群的地域范围进行界定，对城市群的发展

阶段进行识别，本书将这种识别方法定义为地理学视角的城市群发展识别。第二种方法主要是从城市群的作用出发，通过反映城市群的经济属性，依据经济社会统计的相关指标，对城市群的范围及发展阶段进行界定，本书将这种识别方法定义为经济学视角的城市群发展识别。

一 地理学视角的城市群发展阶段识别

地理学方面的有关研究主要依托于城市群的空间特征。依据一些比较复杂的空间测算模型和比较抽象的经济社会统计衍生指标进行城市群的划分，主要是一些和空间相关的指标，包括周围地区到中心城的通勤率、中心城市到外围圈的通勤时间、外贸货流、铁路客货流、人口迁移流、信件流等流量，城市群发育程度指数模型，城市综合实力的 R 型因子模型、重力模型、摩擦系数模型等。[1]

周一星和张莉（2003）通过对外贸货流、铁路客货流、人口迁移流、信件流等的流量流向分析，将中国经济区划分为北方区、东中区和南方区 3 个一级城市经济区和 11 个二级经济区。[2]

顾朝林和庞海峰（2008）应用重力模型对中国城市的空间联系强度进行测度，对中国的区域城市体系进行了界定，发现至 2003 年中国一共形成了 64 个城市体系（即城市群），其中北方有 34 个，南方有 30 个，在此基础上依据计算结果对每一个城市体系的范围进行了明确的界定。[3]

王丽等人（2011）基于改进场模型，研究了城市影响范围的动态演变特征，对我国中部核心城市的影响范围进行界定，进而对城

---

① 张倩等：《基于交通、人口和经济的中国城市群识别》，《地理学报》2011 年第 6 期。
② 周一星、张莉：《改革开放条件下的中国城市经济区》，《地理学报》2003 年第 2 期。
③ 顾朝林、庞海峰：《基于重力模型的中国城市体系空间联系与层域划分》，《地理研究》2008 年第 1 期。

市群的范围进行进一步分析。[①]

张倩等（2011）基于交通、人口和经济的相关因素对中国的城市群进行了一些识别，明确了 2000 年中国九大城市群的空间位置以及其覆盖区域。[②]

二　经济学视角的城市群发展阶段识别

从经济学的视角识别城市发展阶段主要是依据经济社会统计年鉴的相关资料来确定城市群范围，即通过总结提出若干判定城市群发展状况的原则，然后根据统计年鉴数据对城市群的不同指标进行计算，进而对发展阶段进行识别和判断。城市群在不同的发展阶段也会表现出不同的特点，根据这些不同特点可以对城市群的发展阶段进行识别。方创琳（2011）从空间范围、影响范围、城市个数、人口规模、空间组成、交通网络、产业联系、地域结构、梯度扩张模式、发展阶段、中心功能等方面对城市群发展不同阶段的特征进行了分析。[③] 陈群元和喻定权（2009）也从城市化率、城镇体系、空间结构、空间作用、城市分工、增长路径等方面提出了城市不同发展阶段的特征。根据这些特征，设定相关判断指标，对城市群发展阶段进行识别。[④] 很多国内外学者都吸收了以上的成果对城市群的发展进行识别和判断。

本书通过对已有的成果进行综合和研究，发现现有的城市群识别指标主要是从城市群规模、中心城市、城市联系水平和城市发展水平等几个方面对城市群进行识别。一是城市群的发展规模反映了

① 王丽等：《基于改进场模型的城市影响范围动态演变——以中国中部地区为例》，《地理学报》2011 年第 2 期。
② 张倩等：《基于交通、人口和经济的中国城市群识别》，《地理学报》2011 年第 6 期。
③ 方创琳：《中国城市群形成发育的新格局及新趋势》，《地理科学》2011 年第 9 期。
④ 陈群元、喻定权：《我国城市群发展的阶段划分、特征与开发模式》，《现代城市研究》2009 年第 6 期。

城市群的地域范围和自然状况，代表了城市群的土地资源、人口资源、自然资源等禀赋的丰富程度，是我们界定城市群的基础，我们一般选取区域范围和人口规模两方面指标进行计算。其中，区域范围主要通过区域内城市的数量、城市群的面积以及都市圈的半径等具体指标来计算的；人口规模是各种算法都关注的问题，在数量上从 500 万~3000 万人不等，Gottmann（1964）使用人口密度这一指标来表现人口规模。二是中心城市或首位城市往往能够反映城市群的核心竞争力如何，根据学界已经认可的增长极理论，城市群中的核心城市对整个城市群发展起着至关重要的带动作用，是城市群发展的凝聚力和潜力的主要表现，主要的指标包括中心城市的数量、中心城市的规模以及中心城市的影响力等。三是城市群内部不同城市的联系水平反映了城市群的整体实力，是城市群形成的基本条件，也是城市群内部以及外部经济、政治和文化交流的基础，主要通过公路、铁路、港口码头等交通基础设施等方面的指标来反映城市群内各城市间的联系水平。四是城市群是城市发展到比较完善和成熟才会形成的空间组织形式，因此城市群内的各个城市的发展水平是判断整个城市群发展阶段的核心指标。通过已有研究的成果，可以看出目前相关的指标主要通过城镇化水平、城市群的经济发展现状等因素来反映。

三　哈长城市群发展阶段识别

（一）中国城市群阶段识别标准

城市群是一个结构复杂且开放度极强的系统，城市群发展阶段的识别对制定城市群未来的发展战略具有极其重要的意义。本书在对已有研究成果进行总结的基础上，综合了地理学和经济学的不同视角，结合当前中国城市群发展所面临的最主要问题，从城市群规模、中心城市、城市的联系水平、城市整体发展水平四个方面对中国城市群发展阶段制定指标，并最终对哈长城市群的发展阶段进行识别。

城市群规模　主要从城市群人口规模和城市数量两个方面的指标进行计算。

中心城市经济影响力　从大量的数据中选取特大城市数量和核心城市 GDP 所占比重两个指标，表示城市群所拥有特大城市以及中心城市的经济辐射影响能力和发育水平。其中，特大城市指的是城市人口多于 300 万人的城市，而核心城市指城市是群中生产总值排名第一的城市。

城市间的联系强度　在这部分指标中，选取了交通基础设施建设情况的公路网密度作为考量城市间联系的重要指标，还引入了城市群联系强度这一指标来表示城市群中不同城市的相互作用。

城市整体发展水平　选用城市化率、人均 GDP 和经济密度三个指标，分别对城市群的城市化发展水平、经济的人均和地均发展水平进行度量。

目前，有关城市群的界定往往是单一维度的，即只是对城市群的形成进行界定。但是城市群的形成与发展并不是一蹴而就的，是经过长期发展而形成的，会分为不同的阶段。方创琳（2011）总结了从都市区、都市圈、城市群到大都市带的四个扩张过程，证明城市群的发展有不同的阶段划分。例如，长三角城市群的发展阶段与哈长城市群以及珠三角城市群发展所处的阶段必然是不同的。虽然根据国家相关政策的规划，本书认为城市群将在中国未来的经济社会发展中扮演十分重要的角色，城镇化已经上升为国家重要的发展战略。但是从现阶段城市群的发展状况来看，这些城市群的发展水平层次不一，不同发展阶段的城市群面临的机遇和挑战也千差万别。在国家及区域规划中的中国城市群已经成为中国经济增长的重要增长极和区域经济发展的重心。为了准确地对中国城市群的发展阶段进行识别，在借鉴国际城市群发展经验以及我国城市群现实状况的基础上，本书将中国城市群的判别标准划分为Ⅰ级、Ⅱ级、Ⅲ级、×，分别对应该指标的发展成熟度，Ⅰ级表示非常成熟、Ⅱ级表示成熟、Ⅲ级为发展初级阶段、×表示不具有城市群发展特征（见表3-7）。

表3-7 中国城市群的发育阶段识别指标

指标名称		序号	判别标准		
			Ⅰ级	Ⅱ级	Ⅲ级
规模指标	城市群人口规模	1	人口规模≥5000万人	人口规模≥3000万人	人口规模≥1000万人
	城市数量	2	城市数量≥8个	城市数量≥5个	城市数量≥3个
核心城市	特大城市数量	3	300万人口以上特大城市≥3	300万人口以上特大城市≥2	300万人口以上特大城市≥1
	中心城市集聚程度	4	中心城市GDP≥40%	中心城市GDP≥30%	中心城市GDP≥20%
联系强度	公路网密度	5	公路网密度≥5000公里/万平方公里	公路网密度≥3000公里/万平方公里	公路网密度≥2000公里/万平方公里
	城市群联系强度	6	平均作用强度≥100亿元·万人/平方公里	平均作用强度≥30亿元·万人/平方公里	平均作用强度≥20亿元·万人/平方公里
发展水平	城市化水平	7	城市化水平≥50%	城市化水平≥40%	城市化水平≥30%
	人均GDP	8	人均GDP≥8000美元	人均GDP≥5000美元	人均GDP≥3000美元
	经济密度	9	经济密度≥2000万元/平方公里	经济密度≥1000万元/平方公里	经济密度≥500万元/平方公里

资料来源：张学良：《2013中国区域经济发展报告——中国城市群的崛起与协调发展》，人民出版社，2013，第115页。

1. 成熟型城市群

城市群规模较大、特大城市多、城市群整体发展水平较高、城市群联系紧密、发展已接近国际水平。具体来看，成熟型城市群是中国传统意义上的三大城市国家主体功能区规划中的优先开发区域，也是中国经济的三大增长极。三大城市群集中了全国大量的人口、资源，其中以政治中心北京为发展的京津冀城市群将成为中国北方经济发展的重要增长极，依托上海的长三角城市群未来将建成国际经济中心、国际金融中心、国际贸易中心和航运中心，毗邻港澳的珠三角城市群将成为探索科学发展模式的试验区和深化改革的先行区。成熟型城市群是中国最具潜力成为世界级城市区域，它们的发展也关系到中国未来的经济发展前景。

2. 发展型城市群

城市群发展已达到一定的规模，有一定数量的特大城市、中心城市具有一定的集聚水平，群内各城市间已具有好的交通基础设施联系，但城市相互作用强度仍较弱，具有成为成熟型城市群的发展潜力。发展型城市群中所包含的城市群基本以国内东、中部的重点城市为核心，其中包括重庆和成都两个全国统筹城乡配套改革试验区的成渝城市群、全国资源节约型和环境友好型（"两型"社会）综合配套改革实验区的长株潭城市群和武汉城市圈、国家新型工业化综合配套改革试验区的沈阳城市群、国家资源型经济转型综合配套改革试验区的太原城市群和深化两岸交流合作综合配套改革试验区的海峡西岸城市群。发展型城市群已有一定的经济和社会发展基础，为承接成熟型城市群的产业转移、抓住中国经济转型发展所带来的机遇奠定了基础和条件，它们的发展关系未来中国经济发展的新格局和新方向。

3. 形成型城市群

城市群规模较小、基本不具有特大城市，由于地区整体发展水平不高，中心城市反而显示出一定的集聚水平，城市间有一定的交通基础设施联系，但相互作用强度很弱，还不具有典型城市群的特征，只能称为形成中的城市群。形成型城市群基本都位于中国的西部，虽然还不能被称为真正意义的城市群，但是这些地区的发展对平衡中国的整体发展水平、缩小地区间收入差距、维持中国的边境稳定和领土完整具有非常重要的战略意义。对此，不能从简单的经济学意义判别这些城市群的发展阶段，通过国家的政策扶持和自身的发展方式转变，这些地区未来有可能形成真正的城市群，并为中国未来经济的发展贡献一分力量。[①]

（二）哈长城市群的发展阶段识别

综合以上对城市群的判断，我们将哈长城市群的相关数据带入模型进行计算，结果见表 3 - 8。

表 3 - 8　哈长城市群发展阶段指标识别等级评分

城市群名称	指标	数据	等级	评分
规模指标	城市群常住人口（万人）	3896.3	Ⅱ级	15
	城市数量（个）	8	Ⅰ级	
核心城市	人口＞300万城市数量（个）	2	Ⅱ级	
	中心城市集聚程度%	24.47	Ⅲ级	
联系强度	公路网密度（公里/万平方公里）	0.40	Ⅱ级	
	作用强度（亿元·万人/平方公里）	14.21	×	

---

① 张学良：《2013中国区域经济发展报告——中国城市群的崛起与协调发展》，人民出版社，2013，第120~121页。

城市群名称	指标	数据	等级	评分
发展水平	城市化水平	49.55	II级	15
	人均GDP（美元）	6406.50	II级	
	经济密度（万元/平方公里）	557.14	III级	

资料来源：根据《中国城市统计年鉴（2011）》《中国区域经济统计年鉴（2011）》整理。

从表3-8的数据来看，当前哈长城市群处于发展型城市群阶段。

第三节　哈长城市群发育现状与存在问题

一　哈长城市群概况

（一）自然状况

哈长城市群涵盖黑龙江省西南部和吉林省中部，整个区域处于中、日、韩、朝、俄、蒙六国组成的东北亚腹心地带，是东北亚区域重要组成部分，也是第一欧亚大陆桥重要组成部分，是沟通东北亚、中亚和欧洲货物流通的重要通道和交通枢纽，是国家振兴东北老工业基地的重要城市群，也是中国面向东北亚地区合作的前卫城市群。

哈长城市群中大部分城市位于松嫩平原，是全国重要的商品粮基地，水土资源和光热资源十分丰富，适合农业生产。农业以生产优质水稻、大豆、玉米、花生为主，发展无公害绿色农业潜力巨大；东南部城市（吉林市、梅河口、柳河县、辉南县等）为丘陵，林区以蒙古栎林为主，兼有白杨、黑桦、白桦等落叶阔叶杂木林和灌木丛，也分布松树等针叶树木；并出产人参、黑木耳、蘑菇等野生经济植物。城市群河流众多，主要有第二松花江水系和东辽河水系。该区域主要有暗棕土、黑土、黑钙土、草甸土、冲积土、水稻土等8

类土壤。地下蕴藏有石油、天然气铜、铁、煤炭等 63 种矿产。但是，随着经济的发展，哈长城市群内产生了一系列环境问题，草地、林地、沼泽湿地等面积锐减，土壤出现盐碱化等。

2012 年哈长城市群总人口为 4017.3 万人，占全国的 2.97%；城市化水平达到 43.46%；地区生产总值达到 20808.1 亿元，占全国 GDP 的 4.01%。

（二）区位优势

1. 哈长城市群是连接东北亚地区的重要通道和交通枢纽

哈长城市群与蒙古、俄罗斯、朝鲜、韩国、日本等国邻近，得天独厚的地理位置、丰富的经济资源、雄厚的工业基础和密切的内部联系，使得哈长城市群的发展有着天然条件。哈长城市群水陆空交通四通八达，为其向国际化、高级化发展提供了桥梁和纽带，是沟通东北地区、欧洲和太平洋之间里程最短的大陆桥枢纽。在陆路交通方面，铁路成环，有东、西、北三个方向（绥芬河、满洲里、黑河）与俄罗斯欧亚干线（大陆桥）相通；公路成网，与周围国家联系畅通无阻；水路运输依托嫩江、松花江成为我国北方最发达的内河航运水系，并可通往远东直接出海；航空运输主要依托哈尔滨和长春国际航空港，国际航线直通俄罗斯和日本。

2. 哈长城市群是国家城镇化战略的重要部分

我国已进入全面建成小康社会的决定性阶段，正处于经济转型升级、加快推进社会主义现代化的重要时期，也处于城镇化深入发展的关键时期。国家发布的《国家新型城镇化规划（2014～2020年）》，将哈长城市群上升为国家城市化发展战略的重要组成部分，可见哈长城市群在未来我国经济社会发展中的重要地位。哈长城市群坐落于中国的东北边陲，是连接中国与东北亚地区的重要通道，对于经济发展、对外开放、维护国家边疆稳定、建立长期稳定的睦邻友好关系具有重要的战略意义。哈长城市群拥有丰富的自然资源，原油产量占全国的 2/5，木材产量占全国的 1/2，商品粮占全国的 1/3，丰富的资源对国家经济发展产生重要的支撑作用。但是，资源的长期开发，导致哈长城市群部分地区资源即将枯竭或完全枯竭，面临全面转产的局面。解决的方法之一就是借助城市群的地理优势和带动作用，拉动东北地区的经济和社会发展，因此规划哈长城市群要有长远的考虑，建成的哈长城市群要成为推动我国国土空间均衡开发、引领区域经济发展的重要增长极。另外，哈长城市群将加大对外开放力度，有序承接国际及沿海地区产业转移，依托资源优势发展特色产业，加快新型工业化进程，壮大现代产业体系，完善基础设施网络，健全功能完备、布局合理的城镇体系，强化城市分工合作，提升中心城市辐射带动能力，形成经济充满活力、生活品质优良、生态环境优美的新型城市群。同时，依托陆桥通道上的城市群和节点城市，构建丝绸之路经济带，为中国经济发展提供持续的发展动力。

3. 哈长城市群是辐射东北地区的重要经济增长极

哈长城市群地处东北三省的中心地带，也处于东北亚腹地，在联合国开发计划署积极支持的图们江地区国际合作开发中居于重要地位，是长吉图区域发展战略的核心区，具有发展东北亚区域合作的优越区位条件。东北地区的四大城市群人口约占东北三省总人口的 40% 左右，生产总值占总量的 70%，形成一条纵贯东北平原和辽东半岛的核心经济带。其中哈长城市群涵盖了吉林省中部城市群和哈大齐工业走廊两个主要城市群，长春市和哈尔滨市作为腹地在区域整体发展中具有重要作用，为进一步增强哈长城市群腹地的支撑作用，吉黑两省提出加速哈长城市群建设进程，促进东北的人口和其他生产要素向哈长城市群地区集聚。

随着新一轮东北振兴规划的开启，东北城市群发展的新格局逐渐浮出水面。辽宁省将逐步构建以中部城市群为主体，以沿海城镇带、辽西北城镇带为两翼的全省现代城镇网络新格局。吉林省将推动中部城市群发展，加快长吉一体化进程，增强对全省经济社会发展的带动力。黑龙江省将完善城市规划，打造"一圈、一带、一群"城市发展新格局。"一圈"是以哈尔滨市区为中心，双城、肇东等6个卫星城为支撑，哈绥、哈大等6条交通干线为发展轴，构建1小时哈尔滨大都市圈，成为带动全省区域整体发展的核心区；"一带"是以哈尔滨为龙头，齐齐哈尔、大庆和牡丹江为两翼，以绥满高速公路、铁路为中心轴，以产业发展提升整体实力，建成我国重要的制造加工、特色旅游、物流会展中心，形成带中隆起、侧翼联动、功能完善、国际知名的哈大齐牡城市带；"一群"是以牡丹江和佳木斯为两极，鸡西、双鸭山、七台河、鹤岗为支撑，构建功能明晰、组合有序、产业互补，在全国具有影响力、在东北具有标志性的东部城市群。随着哈长城市群的快速发展，东北地区的产业、社会服务业等将进一步实现交叉融合，增强区域集聚效应，从而加速东北区域一体化进程。

二 哈长城市群发展现状

（一）经济与产业发展

按照国务院印发的《全国主体功能区规划》《国家新型城镇化规划（2014~2020年）》《东北振兴"十二五"规划》的要求和部署，哈长城市群属于典型的双核结构，长春和哈尔滨两个城市为城市群发展的核心所在，这两个城市既是吉林省和黑龙江省的省会城市，也是两省经济和产业发展的龙头。但是哈尔滨和长春的地区生产总值和人均生产总值的优势并不突出，没有表现其在经济中的核心地位。2013年，哈尔滨市的地区生产总值为5017.05亿元（见表3-9），在全国排在第25位，不及珠三角的东莞市，也不及中原经济区的郑州市。长春市 2013 年地区生产总值与哈尔滨相仿，在全国排名第 26 位。与城市群其他城市相比，核心城市的长春和吉林也未表现出明显的优势，尤其在人均生产总值方面表现更名明显。从 2010 年以后，东北地区的经济发展不容乐观，地区生产总值增长率下降较快，经济下行压力极大，一些城市甚至出现了负增长的情况，哈长城市群的这种"弱核"结构不论是对城市群的发展还是整个地区的经济发展都带来一定的负面效应，城市群的未来发展堪忧。

表 3-9　2013 年哈长城市群经济发展概况

城市	地区生产总值（亿元）	人均地区生产总值（元）	地区生产总值增长率（%）	地方财政一般预算收入（亿元）	进出口总额（万美元）	外商直接投资（万美元）	经济密度（万元/平方公里）
哈尔滨	5017.05	68277	7.69	238.14	422529	133046	690.60
长春	5003.18	98058	14.06	180.85	1322447	69811	1618.31
大庆	4181.50	266136	1.85	95.50	154145	34587	1366.73
齐齐哈尔	1230.40	45059	5.02	51.36	89271	22802	207.32
吉林	2617.41	81118	7.58	73.19	84565	13211	663.95
松原	1650.49	96116	3.87	30.97	8821	3932	522.93
四平	1210.34	45540	-2.29	565765.00	25448	8049	498.26
辽源	700.30	85114	14.74	238670.00	10698	13210	456.98

资料来源：根据《中国城市统计年鉴（2014）》《中国区域经济统计年鉴（2014）》整理。

　　作为中国粮食主产区和老工业基地，哈长城市群与其他城市群相比，第一、第二产业生产总值占比重较高。其中，四平市和齐齐哈尔市的第一产业生产总值所占比重都超过了 20%，而大庆市的第二产业生产总值比重近 80%。哈长城市群的产业特点是以资源型和加工型产业为主，经济结构中传统产业和产品仍占大头，重工业是经济增长的核心，经济结构也较为单一，"原"字号、"初"字号产品居多，产业结构调整和升级转型仍在持续进行中。从国际重工业发展的趋势和国内经济调整的方向看，哈长城市群应推动高新技术产业发展，走新型工业化道路是必然的选择。哈长城市群第三产业生产总值所占比例较低，只有哈尔滨市的第三产业所占比重超过50%，大庆市只有16.44%（见表3-10），因此壮大第三产业，进行产业转型是哈长城市群未来发展的主要方向。

表3-10　2013年哈长城市群地区生产总值构成

单位:%

城市	第一产业占GDP的比重	第二产业占GDP的比重	第三产业占GDP的比重
哈尔滨	11.70	34.76	53.54
长春	6.64	53.14	40.22
大庆	4.20	79.36	16.44
齐齐哈尔	22.79	36.68	40.54
吉林	9.64	48.90	41.46
松原	16.06	47.52	36.43
四平	24.27	46.49	29.24
辽源	8.31	59.15	32.55

资料来源：根据《中国城市统计年鉴（2014）》《中国区域经济统计年鉴（2014）》整理。

（二）资源环境承载力

资源环境承载力是考察一个城市群是否可持续发展的重要指标，反映了资源供给、环境容量和人的活动相互之间的关系。近年来，哈长城市群的规模不断扩大，城市化速度提升给资源环境的承载力带来极大挑战，主要体现在以下几个方面。

1. 土地资源

东北历来以地广人稀而著称，但是随着城市化水平的提升，外来人口越来越多地涌入城市，人地矛盾日益突出的问题在哈长城市群中逐渐显现。城市群的耕地资源空间分布不均，耕地主要分布在松嫩平原一带，有的地区耕地偏少（见表3-11），耕地总体质量也有所下降，中低产田占近半。虽然从全国角度来看，哈长城市群的人均耕地面积仍高于全国人均水平近1倍，但是和其他类型土地相比，呈现出不断减少的趋势。近年来房地产开发热度不减，耕地的土地开发程度越来越高，后备土地资源也越来越少，如果不重视土地资源不断匮乏的现状，哈长城市群的可持续发展将受到严重挑战。

表3-11 2013年哈长城市群人口、耕地情况

单位：万人，公顷

城市	人口	耕地面积	人均耕地面积
哈尔滨	995.2	1830000.00	0.18
长春	752.7	1350400.67	0.18
大庆	282.6	630334.35	0.22
齐齐哈尔	557.0	3382600.00	0.61
吉林	429.1	476316.00	0.11
松原	283.0	1026454.00	0.36
四平	328.4	814711.36	0.25
辽源	121.9	223403.00	0.18

资料来源：根据《中国城市统计年鉴（2014）》《中国区域经济统计年鉴（2014）》整理。

哈长城市群中城市占地面积较大，除了四平和辽源以外，所有城市的土地面积都超过了20000平方公里，这在中国的城市群中并不多见。但是，各城市的建设用地面积相对较少，占市区面积比重较小，城市的开放水平不高，处于土地使用的初级阶段，土地利用效率也比较低。哈长城市群中大多数城市的居住用地面积占城市建筑用地面积的比重基本保持在30%~40%的合理区间内（见表3-12）。

表3-12 2013年哈长城市群土地资源利用概况

单位：平方公里，%

城市	土地面积	城市建设用地面积（市辖区）		其中：居住用地面积（市辖区）	
		面积	占市区面积比重	面积	占建设用地面积比重
哈尔滨	53068	391	5.39	120	30.69

续表

城市	土地面积	城市建设用地面积（市辖区）		其中：居住用地面积（市辖区）	
		面积	占市区面积比重	面积	占建设用地面积比重
长春	20604	452	8.87	123	27.21
大庆	21522	241	6.19	80	33.20
齐齐哈尔	42469	140	3.09	51	36.43
吉林	27205	173	4.68	53	30.64
松原	21090	43	3.55	15	34.88
四平	14080	54	5.02	23	42.59
辽源	5140	46	10.41	28	60.87

资料来源：根据《中国城市统计年鉴（2014）》《中国区域经济统计年鉴（2014）》整理。

2. 环境承载力

城市化进程的推进和城市人口的膨胀，在带来发展机遇的同时也伴随着生态环境质量的下降。一方面哈长城市群核心区城市工业三废排放量强度居高不下，土地的重金属含量严重超标，局部地区的生态环境极度恶化，土地功能也严重退化。另一方面由于农用化肥、农药的随意使用，农村地区面源污染未能得到很好的遏制，乡村地区生态质量逐年下降，酸雨发生频率不断增加，特定地质环境以及农药化肥的大量使用，土壤肥力下降，土壤流失、潜育化、贫瘠化、酸化趋势明显，给城市群环境承载力带来了威胁。哈长城市群的"三废"排放量经过近几年的治理，虽然有了一定程度的减少，但距国家规定的目标还有一定差距；固体废物的综合利用率在大部分城市可以达到90%以上，但是四平和、齐齐哈尔市等工业城市的生活垃圾处理效果还不够理想，污水集中处理率还需要进一步提高（见表3-13）。

表 3 – 13　2013 年哈长城市群"三废"排放量及无害化处理情况

单位：吨,%

城市	工业烟（粉）尘排放量	工业废水排放总量	固体废物综合利用率	污水处理厂集中处理率	生活垃圾无害化处理率
哈尔滨	82323	4487	71.00	90.47	87.29
长春	72970	5482	99.79	78.76	80.59
大庆	29463	5174	96.42	93.19	95.19
齐齐哈尔	3476	7006	90.10	74.64	53.41
吉林	34109	10366	81.88	91.65	61.15
松原	39914	2559	88.99	95.79	95.75
四平	35007	3552	92.05	81.56	36.05
辽源	9589	1387	95.78	96.13	—

资料来源：根据《中国城市统计年鉴（2014）》《中国区域经济统计年鉴（2014）》整理。

3. 资源环境综合承载力

哈长城市群位于松嫩平原腹地，地处中温带，水土和光热资源十分丰富，自然环境良好。但是，随着城市化的高速发展，资源环境的综合承载力不断受到挑战，原来复杂多样的自然环境被城市的高楼大厦所取代，未被开垦的自然植被演替规律也受到一定程度的干扰，动植物的生存环境受到了破坏，导致生物多样性降低，生态脆弱性凸显。据了解，2013 年，哈长城市群生物多样性指数仅为34.29，低于黑龙江省平均水平 5.3 个百分点。此外，哈长城市群在自然保护区内无序开发与建设严重破坏了生态绿地的生境平衡，使其生态系统服务功能减弱。

（三）城镇空间结构体系

从城市群的人口方面分析，哈尔滨市和长春市的人口数量庞大，表现出明显的双核效应。但是城市群内人口分布不均，整体人口密度较低，大庆市、齐齐哈尔市和吉林市的人口密度每平方公里只有

130 人。在人口就业方面，与其他城市群相似，哈长城市群人口主要集中于第二和第三产业。但是由于吉林、黑龙江两省是我国传统的农业大省，所以第一产业的人口也高于其他城市群，在中小城市中农业人口仍能够占到 20% 上下，人口转移存在较大空间。哈长城市群人口整体呈金字塔分布，分布结构较为合理。核心城市哈尔滨的人口在 1000 万人左右，其次是长春和齐齐哈尔超过了 500 万人，而大庆、吉林、松原、四平和辽源等城市人口在 500 万以下（见表 3－14）。有研究明确指出，哈尔滨和长春与辽宁的大连和沈阳是东北三省区域经济极化的"高极化点"，将带动地区经济的快速发展。

表 3－14 2013 年哈长城市群人口概况

单位：万人

城市	常住人口	人口密度（人/平方公里）	第一产业从业人员	第二产业从业人员	第三产业从业人员
哈尔滨	995.2	187.53	4.98	50.78	81.63
长春	752.7	365.30	1.16	63.16	61.88
大庆	282.6	131.29	0.30	27.72	25.12
齐齐哈尔	557.0	131.15	7.29	12.20	22.96
吉林	429.1	157.73	1.02	21.04	22.24
松原	283.0	134.17	2.11	12.99	12.26
四平	328.4	233.24	0.91	6.29	14.62
辽源	121.9	237.20	0.29	8.05	5.33

资料来源：根据《中国城市统计年鉴（2014）》《中国区域经济统计年鉴（2014）》整理。

由于哈长地区城市面积较大，城市之间距离较远，人口密度和经济密度较低，因此城市间的相互作用强度较低。核心城市哈尔滨和长春之间的城市群间相互作用强度未达到 100 亿元·万人/平方公里。与哈尔滨联系较为紧密的是同属于哈大齐工业走廊的大庆市，城市群间相互作用强度为 76.45 亿元·万人/平方公里；与长春市相互作用强度较强的城市是同属于吉林中部城市群的吉林市，相互作用强度为 104.84 亿元·万人/平方公里（见表 3 - 15）。除了两个核心城市外，其他城市之间未表现出较强的相互作用强度。

表 3 - 15　2013 年哈长城市群各城市间相互作用强度

城市	哈尔滨	长春	大庆	齐齐哈尔	牡丹江	吉林	松原
长春	40.56	—	—	—	—	—	—
大庆	76.45	11.31	—	—	—	—	—
齐齐哈尔	14.32	4.16	25.29	—	—	—	—
牡丹江	8.15	2.30	1.74	0.77	—	—	—
吉林	13.90	104.84	3.26	1.45	2.82	—	—
松原	23.95	25.12	16.17	3.59	0.56	7.01	—

资料来源：张学良：《中国区域经济发展报告（2013）——中国城市群的崛起与协调发展》，人民出版社，2013，第 289 页。

（四）对外开放情况

当前，哈长城市群主要是面向东北亚地区和俄罗斯开放，通过准确把握国际形势，抓住与俄罗斯扩大开放水平的历史机遇，融入"一带一路"建设，不断发挥东北地区的核心作用。向南推进与环渤海经济圈联系，积极参与产业分工和承接产业转移；充分发挥资源互补优势，向北加强与俄罗斯远东地区合作；借助韩日先进技术和朝鲜资源，通过长吉图开发开放战略和黑吉两省沿边开发开放试验区建设，向东扩大开发开放；向西通过满洲里、阿尔山等交通枢纽积极构筑中蒙大通道。哈长城市群的外资企业逐渐增多，但是主要分布于长春和哈尔滨两个核心城市，其他城市相对零散，发展潜力巨大（见表 3 - 16）。进出口贸易总额近年来有所提高，但是与国内发达省份相比仍存在较大差距。外商直接投资额并不高，对外开放水平在全国处于中下游水平。

表3-16　2013年哈长城市群对外开放情况

单位：万美元，个

城市	当年实际使用外资金额	外商直接投资合同项目	外资企业	外商企业工业总产值
哈尔滨	226242	52	76	4465120
长春	443995	35	123	28658995
大庆	60032	5	16	885254
齐齐哈尔	41550	3	16	796241
吉林	81491	9	26	1134526
松原	27680	3	8	543313
四平	26700	2	6	449079
辽源	25000	9	6	244223

资料来源：根据《吉林统计年鉴（2014）》《黑龙江统计年鉴（2014）》整理。

三　哈长城市群存在的主要问题

（一）城市基础设施不完善

基础设施包括交通、邮电、供水供电、商业服务、科研与技术服务、园林绿化、环境保护、文化教育、卫生事业等市政公用设施，是国民经济各项事业发展的基础。在现代社会中，经济的发展对基础设施的要求越来越高；完善的基础设施对加速社会经济活动，促进其空间形态分布起到巨大的推动作用。哈长城市群在建设和发展过程中面临基础设施不完善的问题，主要表现在交通运输系统、水利工程、电力工程、生态环境工程、城市设施工程及民生工程等方面。

（二）行政区划设置复杂

行政区划是国家为了进行分级管理而实行的国土和政治、行政权力的划分。哈长城市群以哈尔滨、长春为中心城市，包括吉林、四平、延吉、齐齐哈尔、大庆及牡丹江 8 个城市在内。其中两个是副省级特大型城市，6 个是地级市，横跨吉林和黑龙江两个省级行政单位。哈长城市群在发展和建设过程中，可能会出现因行政辖区设置复杂而导致的行政管辖权混乱的问题。一方面城市群在规划和发展过程中，需要利用区域内的各种资源要素，而某些稀缺的资源要素（如土地、公共资源等）需要政府审批或协调，但城市群所在区域跨行政辖区，容易引起行政管辖权的不一致，进而导致经济活动的无效率；另一方面城市群发展过程中出现问题时，比如产业结构失衡、产业分工低效率等情形，应当及时有效地采取措施，制定统一的经济政策、发布行政命令、调整产业结构等来解决问题。但因行政辖区设置的存在，容易出现同一层级的政府因管辖权不确定而相互推诿的现象，致使不能及时有效地制定解决措施，造成城市群发展的低效率。

（三）产业结构和布局滞后

2012 年，吉林省发布的经济统计数据显示，吉林全省实现地区生产总值 11937.82 亿元，其中第一产业增加值 1412.11 亿元，第二产业增加值 6374.45 亿元，第三产业增加值 4151.26 亿元，三次产业结构的比重为 11.8∶53.4∶34.8，对经济增长的贡献率分别为 4.9%、62.9% 和 32.2%。黑龙江发布的经济统计数据显示，黑龙江全省三次产业结构的比重为 15.4∶47.2∶37.4，对经济增长的贡献率分别为 7.8%、51.9% 和 40.3%。上述经济数据显示，吉林和黑龙江的产业结构比例是"二三一"型，即第二产业＞第三产业＞第一产业，表明该地区工业较为发达，工业经济在国民经济中所占比重较大。吉林、黑龙江的第二产业比重分别为达到 53.4%、47.2%，但第一产业比重偏低，其所占比重分别为 11.8%、15.4%，且对经济增长的贡献率也偏低，分别为 4.9%、7.8%，这表明吉林和黑龙江存在第一产业和第二产业比例失调，产业结构不合理。此外，两省的第三产业在产业结构中的比重均低于第二产业近 20 个百分点，远低于发达国家第三产业所占比例，这不利于推进区域内第一产业和第二产业的发展。

（四）市场化程度较低

哈长城市群在发展过程中面临着市场化程度较低的问题，是近十年吉林与黑龙江两省在经济发展过程中所遇到的主要困难。目前该区域市场化程度偏低主要表现在两个方面，一方面是政府对经济的宏观调控行为过于频繁，带有浓重的计划经济色彩；另一方面是以国有企业为代表的国有经济在整个国民经济中所占比重过大，民营经济所占比重偏小。东北地区是全国最早进入计划经济的区域，同时也是最晚退出计划经济的区域，在该区域的产业结构、经济结构、所有制结构以及相关经济制度中都保留了比较浓重的计划经济时代色彩，加之东北地区地处我国东北边疆，不具有东部沿海城市的区位优势，对外开放程度较低，导致区域内人们思想观念固化、落后，政府发展经济的思路受计划经济影响根深蒂固。政府在发展经济的过程中频繁采用计划经济的手段，对市场发展进行调控和干预，使市场丧失了发展的自主性。以国有企业为代表的国有经济在国民经济中的比重过大，在很大程度上导致市场化程度较低。国有企业在市场中与民营企业竞争时，由于其占有包括政府资源在内的诸多优质资源，在市场竞争中可以通过其市场的支配地位影响市场，挤压民营企业的竞争空间。比如，2012 年吉林省民营经济实现增加值 6064.4 亿元，占全省地区生产总值比重的 50.8%，低于同期全国民营经济所占 GDP 总产值 60% 的比重，更低于东部沿海地区 70% 的比重。上述原因带来产业结构、经济结构、所有制结构及城乡结构的失衡等现象，并进一步阻碍了经济社会的发展。

（五）协作分工程度不高

哈长城市群内部由于组织水平较低，群内城市各自发展优势产业，城市间产业联系不紧密，未能够形成产业链从而导致协作分工程度不高。例如哈长城市群内部的吉林中部城市群，群内各城市以传统产业为主导，城市之间经济联系不紧密，缺乏必要的分工与合作，城市之间未能形成明确的职能等级，甚至在一些部门如农副产品深加工出现产业同构、恶性竞争的局面。此外吉林中部城市群的传统产业如汽车制造、石油化工等正处于产业转型期，而新兴产业尚未建立，这使相关产业面临巨大的挑战。产业链短，产业关联度低，集群化不明显，产业空间组织无序，现代服务业发展速度慢、规模小，没有形成产业优势；金融、物流、中介、研发等机构和组织发育较差。[①] 又如在哈长城市群内部产业融合的阶段，由于各自比较优势不同，可能会出现分工秩序混乱的情形；在产业融合过程中出现的产业转型，在转型成功之前其与其他城市的产业关联度会降低。总之，在哈长城市群发展过程中将会存在协作分工程度不高的现象，这将会降低城市群内产业效率，不利于城市群的经济社会发展。

---

① 姜博、修春亮：《吉林省中部城市群现状与调控对策》，《中国国情国力》2007 年第 7 期。

第四章　哈长城市群发育指标
体系的构建与评价

第一节　国内外城市群评价指标体系研究现状

一　关于城市群竞争力评价指标体系的研究

冯君、张晓青（2006）界定了城市群综合竞争力的概念，在此基础上重点阐述了城市群综合竞争力的动力机制，将城市群的综合竞争力驱动因素归纳为集聚竞争力、个体城市竞争力、产业竞争力、区位竞争力和制度竞争力。但是并没有说明这些驱动因素与城市群综合竞争力之间的具体关系，也没有根据这些因素建立相应的评价指标体系，因而无法应用到城市群竞争力的评价中。

张会新（2006）借鉴关于国家竞争力以及城市竞争力的研究，认为城市群的竞争力是一个城市群体在内外部环境作用下，快速吸收和优化配置各种资源，从而为城市群创造财富、获得持续增长的能力，从经济发展、科技实力、基础设施、区位环境、自然环境、社会环境六个角度选取了 17 个一级指标、88 个二级指标，构建了城市群竞争力的评价指标体系，并说明了评价指标体系的应用。该研究是目前少见的关于城市群竞争力评价的成果，具有一定的价值，但其缺陷在于没有深入阐明指标体系构建的依据，缺乏较强的说服力，而且关于指标体系的应用，也没有说明相关具体指标的计算口径，如涉及人均指标时人口数是以城市群行政辖区内包括农村人口在内的全部人口计算还是以各城市市区人口或非农业人口计算等，这些问题既是实际应用中不可避免的，也影响到该评价指标体系的应用。

倪鹏飞（2008）关于城市竞争力的系列蓝皮书中首次将城市群竞争力作为一个主题研究，认为城市群竞争力本质上是区域竞争力的高级阶段，是与其他城市群相比，一个城市群在资源要素流动过程中获得持久的竞争优势，最终实现城市群价值的系统合力。关于城市群竞争力的评价，该研究在城市竞争力基础上，提出城市群综合竞争力"品字形"模型，即城市群综合竞争力分为先天竞争力、现实竞争力、成长竞争力三个层面，并分别从这三个层面出发构造评价指标体系。对于评价方法，该研究仍然沿用城市竞争力评价的方法，主要是应用主成分方法采用年度数据对城市群竞争力进行综合加权，本质上仍是一种静态评价。

二 关于城市群城市承载能力评价指标体系的研究

"承载力"一词最早出自生态学，其作用是用来衡量特定区域在某一确定的环境条件下能维持某一物种个体的最大数量。承载力的研究由来已久，1842 年英国学者马尔萨斯在其著名的《人口原理》中就已经基本体现了人口承载力的概念。此后，承载力的相关研究相继在经济学、人口学等领域开展。1921 年，帕克和伯吉斯在有关人类生态学研究中提出了承载力的概念。Allan 在 1949 年定义了土地承载力。20 世纪 70 年代，Millington 等应用多目标决策分析方法计算了澳大利亚的土地资源承载力。20 世纪中叶以来，全球人口膨胀加剧、资源短缺、生态环境恶化、人地矛盾变得日趋尖锐，促使承载力研究向纵深发展。近 20 年来，承载力的概念和内涵得到进一步拓展，承载力的研究范围逐步延伸到了自然资源和生态学、环境学与可持续发展等领域，在理论与方法方面也日臻完善。20 世纪 80 年代初，联合国教科文组织提出了资源承载力的概念，并被广泛采用。1992 年，瓦克纳格尔等人提出了生态足迹模型，并在 1996 年由瓦克纳格尔进行完善。2002 年，Oh K. 将城市承载力定义为一种人类活动、人口增长、土地利用、物质水平发展，其水平能够使城市的人居环境系统得到可持续发展，同时不会引起其退化或不可逆的破坏。他认为城市综合承载力是指城市在不产生任何破坏的状况下所能承受的最大负荷，即城市的资源禀赋条件、生态环境状况和基础设施水平对城市人口和经济社会活动的承载能力。

　　进入 21 世纪以来，由于认识到城市承载力对实现城市可持续发展具有越来越重要的意义，我国学者们纷纷把承载力概念引入城市系统之中。2000 年，薛小杰、蒋晓辉、惠映河、黄强等提出城市水资源承载力。高吉喜（2001）提出了生态承载力 AHP 综合评价法，并将其运用到黑河流域。2005 年，王宇峰等提出城市生态系统承载力。2006 年，王殿茹、赵淑芹等提出城市土地综合承载指数。2007 年，蓝丁丁、陈志强、韦素琼等提出城市土地资源所能承载的各种人类活动的强度及规模的阈值。2008 年，金磊等提出城市承载力指的是城市安全容量，并将之量化为城市对所受灾害的最大容忍度。王丽婧、郭怀成、王树通等提出相对资源承载力，认为广义的资源应包括自然资源、经济资源和社会资源，而经济资源和社会资源在全球化的今天变得越发重要，因此研究承载力必须拓展其外延，理论研究要突破传统的空间和时间的局限。杨晓鹏等对青海省土地资源的人口承载力进行了研究，邓永新等负责对新疆塔里木盆地的土地资源人口承载力的研究，许新宜等研究了华北平原水资源承载力，徐强等负责对区域矿产资源经济承载力的研究，这些研究在各自的领域是比较有影响的。2005 年 1 月，国家建设部提出着重研究城市的综合承载能力。国内学术界纷纷提出城市综合承载力的概念，但由于提出角度不同，所确立的概念也存在差异。

罗亚蒙（2005）认为城市综合承载力包括战略意义上的城市承载力和技术层面上的城市承载力两方面。研究城市的综合承载能力一是要解决战略意义上的承载力的问题，主要指城市的地理基础承载能力，如水和土地等，这是最根本的承载能力，它决定了一个城市能建多大；二是城市的功能，即发展动力问题，决定了一个城市究竟能有多大。

叶裕民（2006）认为城市综合承载力是指城市的生态环境、资源禀赋、公共服务和基础设施对经济社会活动及城市人口的承载能力。城市综合承载力扩展了原来资源环境承载力的概念，即整个城市能承担多少就业，能容纳多少人口，能提供什么水平的生活质量等。它是社会承载力、环境承载力、资源承载力和经济承载力的有机结合体。

吕斌（2006）认为城市综合承载力必须强调三点，一是我们城镇化规模非常重要的一个约束条件即基于粮食安全底线上的土地承载力的问题；二是对我们城镇化的模式包括规模和速度构成约束条件的环境资源承载力，即生态或环境的安全格局的问题；三是就业岗位的承载力。谭文垦、石忆邵、孙莉等认为综合承载力还应该考虑人的忍受能力。

孙莉、吕斌、周兰兰等构建了城市综合承载力评价体系和城市综合承载力综合评价模型，并用来分析了中国城市综合承载力的区域差异，认为南方城市群的城市综合承载力明显高于北方城市群。

三 关于城市群生态城市建设评价指标体系的研究

城市作为一个庞大而复杂的复合生态系统，其各个子系统的各因素可在质量和数量上有序地表现为具体指标，生态城市建设评价指标体系是反映城市发展中环境、资源、社会、经济以及政府管理等各个方面可持续发展的标尺，是对城市发展综合评价的有效测度。衡量城市的生态化水平必须要确定生态城市的标准，但实际上对世界上如此众多且具有不同特征的城市很难用统一的标准来衡量。因此，生态城市的标准只是针对某个城市或某类性质和特征相近的城市而定。

1984 年，联合国在"人与生物圈计划"（MAB）中提出了生态城市规划的 5 项原则：一是生态保护战略，包括自然保护、动物植物区保护、资源保护和污染防治；二是生态基础设施，即自然景观和腹地对城市的持久支持能力；三是居民的生活标准；四是文化历史的保护；五是将自然融入城市。

郭秀锐（2001）遵循综合性、代表性、层次性、可比性、可操作性等原则，依据生态系统理论采用层次分析法构建了生态城市的指标体系。该指标体系包含自然生态、经济生态、社会生态 3 个一级指标，自然生态指标包含城市绿化、环境质量、环境治理 3 个二级指标；经济生态指标包含经济发展水平、经济效益、经济结构 3 个二级指标；社会生态指标包含人口、资源配置、基础设施、教育科研、社会保障、信息化水平 6 个二级指标。

2003 年，国家环保总局在生态示范区规划建设实践的基础上颁发了《生态县、生态市、生态省建设指标（试行）》，为规范生态住宅小区、生态县、生态市、生态省的建设起到了重要的引导作用。该指标对生态县、生态市、生态省分别给出了定义、基本条件和建设指标，建设指标由经济发展、环境保护和社会进步三类组成，其中生态县有 28 项指标，生态市有 30 项指标，生态省有 22 项指标。

第二节　哈长城市群发育指标体系的构建

一　指导思想与原则

以党的十八届三中全会精神为指导思想，根据城市化进程的规律和哈长城市群发育的特殊性，主旨在于客观、准确、和全面地评估哈长城市群发展遇到的问题，促进哈长城市群健康发展。指标体系是由一系列具有层次性和结构性的评价指标组成的一个具有科学性、目的性、动态性的有机整体，各指标要具有独立性，信息重叠量要最小化，否则指标体系会变得过于庞大。本书结合前人的研究认为，评价指标的设置须遵循以下几条原则。

（一）科学性原则

哈长城市群发育指标体系中各项指标的选择，乃至指标权重和量度的确定、数据的采集和处理等，都必须以城市群发展的理论为指导，所有指标均应建立在科学基础之上。不仅要符合城市群理论以及系统分析的原理，而且要准确反映哈长城市群的本质特征、基本内涵以及和谐社会建设与发展的真实状况。同时应做到，指标定义准确清晰，数据来源权威可靠，处理方法规范科学。

（二）系统性原则

城市群是一个广泛、综合、系统的范畴。它包括经济、政治、社会、文化、环境和人民生活等各个方面。因此，哈长城市群评价指标体系必须体现这种综合性与系统性，不仅强调经济因素，也要强调基础设施建设和文明层次的提升，各个指标之间要形成有机、有序的联系，形成一个全方位的指标体系，从多方面反映哈长城市群建设的进程情况。

（三）代表性原则

在众多可以用来监测的统计指标中，选择最有代表性的指标。城市群指标体系既要宏观，又要客观，还要有代表性。整个指标体系可以用指数来反映，分类指标也可以用指数或用特征指标来反映，整个指标体系构成的指标不宜过多，既要从构建哈长城市群总的要求出发，又要从近年来改革发展取得的成绩方面去总结，更要从未来哈长城市群发展、人与自然和谐相处去思考。

（四）独立性原则

哈长城市群建设的进程与状况可以从不同方面进行观测，每一方面的特征又可通过多种指标予以反映。所以，不少指标之间往往程度不等地相互关联。考虑到指标体系应尽量覆盖更大范围、提供更丰富信息，在选择与确定哈长城市群各具体评价指标时，应确立和遵循独立性原则。即所选择和设置的指标应具有较高的独立性，尽量避免指标之间的交叉重复，力求各指标互不重叠、互不取代，从而最大限度地扩充指标体系的信息量，提高指标体系的效能和质量。

（五）可比性原则

构建哈长城市群发育评价指标体系的一个重要出发点是，通过客观指标，进行多方面、多角度的比较和分析，从而对不同时期、不同地区和谐社会建设的水平、进程和阶段做出准确判断，进而更为科学地规划和推进和谐社会的建设。因此，在选择和设置各项具体指标时，必须十分注意指标的可比性，应特别强调各项指标必须概念完整、内涵明确并具有唯一性；计量和计算的范围、口径、方法等必须规范，并尽量与国际通用的指标保持一致；能够借助指标体系提供的信息进行横向和纵向的比较分析。

（六）可操作性原则

指标体系的确定，要从现实状况出发，考虑数据资料的可获得性，也就是说在统计上要能够搜集到所选指标的资料，能根据某一标准进行度量和分析测定，可以利用现有的统计信息资源，经过适当的计算获得数据，或通过一定的试验设计、问卷调查等方式获得数据。同时选用的计算公式要简单明了，易于理解，便于操作，指标要少而精，应用时要方便、简洁。

二　指标的选取与说明

目前对城市群指标体系的研究主要分为竞争力、承载能力和生态建设三类，结合哈长城市群的发育实际情况，本书将哈长城市群发育指标体系分为竞争力、综合承载能力、和生态建设 3 个一级指标。竞争力指标包括经济增长、第三产业发展、创新能力 3 个二级指标，综合承载能力指标包括人口、居民生活、城市文化 3 个二级指标，生态建设指标包括可持续发展、环境保护 2 个二级指标。

（一）竞争力指标

目前，关于城市竞争力的研究主要集中在对个体城市竞争力的关注，无论是 IMD、世界银行等国外机构每年所发布的世界城市竞争力报告，还是国内中国社科院、北京国际城市发展研究院、上海社科院等机构每年发布的我国城市竞争力研究，基本上都是针对个体城市的竞争力，而对城市群的综合竞争力一般多以城市群内各城市竞争力的加总或简单平均表示，大多数个人研究者也基本如此，真正将城市群作为一个整体，研究城市群综合竞争力的还比较少，而具体研究城市群综合竞争力评价指标体系以及评价方法的则更少。

竞争力指标包含 3 个二级指标，分别是经济增长、第三产业发展和创新能力。经济增长指标包括 4 个三级指标，分别是人均 GDP、人均社会消费品零售总额、固定资产投资、进出口总额。第三产业发展指标包括 2 个三级指标，分别是第三产业从业人员比重、第三产业增加值占 GDP 比重。创新能力指标包括万人专利数、R&D 支出占 GDP 比重、制造业中新产品占销售收入的比重指标。

1. 人均 GDP

人均 GDP 反映一个地区经济发展水平，是一个地区经济实力和发达程度的重要标志。尽管 GDP 不是衡量社会经济发展的唯一指标，但它仍是一个反映地区经济、社会发展的重要指标，在全面建设小康社会和基本实现现代化的目标中，都有人均 GDP 的指标要求。另外，该指标的国际可比性强。因此，在构建和谐社会指标体系时加入这一指标。人均 GDP 越高，说明经济增长与人口增长越和谐。

2. 人均社会消费品零售总额

社会消费品零售总额由社会商品供给和有支付能力的商品需求的规模所决定，是研究居民生活水平、社会零售商品购买力、社会生产、货币流通和物价发展变化趋势的重要资料。在各类与消费有关的统计数据中，社会消费品零售总额是表现消费需求最直接的数据，是研究国内零售市场变动情况、反映经济景气程度的重要指标。反映一定时期内人民物质文化生活水平的提高情况、社会商品购买力的实现程度，以及零售市场的规模状况。

3. 固定资产投资

固定资产投资是指投资主体垫付货币或物资，以获得生产经营性或服务性固定资产的过程，在整个社会投资中占据主导地位，对于增强国家经济实力，创造人民物质文化生活所需物质条件乃至我国的社会主义现代化建设具有重要意义。

4. 进出口总额

进出口总额是指实际进出我国国境的货物总金额。用以观察一个国家在对外贸易方面的规模，反映的是对外经济交往的能力，是衡量城市对外竞争、走向世界的重要内容。

5. 第三产业增加值占 GDP 比重

根据国家统计局 2003 年颁布的《三次产业划分规定》，第三产业是除第一、第二产业以外的其他各产业。这一指标既是反映国家或地区产业结构服务化的程度，又是比较和评价一国或地区经济结构现代化水平的国际通用标志。

6. 第三产业从业人员比重

第三产业从业人员占全部从业人员的比重既是直接衡量国家或地区第三产业就业贡献率的一个指标，又是国际上常用的判断当地经济现代化和产业结构服务化程度的一个标志。与西方发达国家和绝大部分发展中国家相比，我国服务业平均吸收就业劳动力的比重仍然很低。

7. 万人专利数

创新是人的活力迸发的重要体现，也是一个民族兴旺的源泉。在市场经济条件下，创新成果主要表现在专利的申请量方面。国际上在进行国家之间竞争力对比时，经常用专利申请量来衡量。

8. R&D 支出占 GDP 比重

科技进步是经济发展的决定性因素，科学技术对社会经济结构和人民生活有着巨大的影响。目前，我国的科学技术水平还比较低，科技对经济发展的贡献率还不高，原因之一就是 R&D 支出还比较低，与发达国家相比无论在数量上还是占 GDP 的比重上都有差距。只有 R&D 支出占 GDP 的比重提高了，社会活力才会增强，构建社会主义和谐社会的目标才会实现。另外，该指标的国际可比性也比较强。

9. 新产品销售收入占主营业务收入比重

人的创新要转化为精神和物质产品，物质产品主要应体现在新产品的出现。新产品可以包括商品类产品和服务类产品，由于服务类产品的计量难度较大，因此选用制造业中占销售收入的比重可以说是商品的绩效指标，用制造业中新产品销售收入占主营业务收入的比重来表现人的创造活力。

（二）综合承载能力指标

综合承载能力指标包括 3 个二级指标，分别是人口、居民生活和城市文化指标。人口指标包括 3 个三级指标，分别是城镇人口比重、在校大学生数占总人口比重和从业人员数量占比。居民生活指标包括 6 个三级指标，分别是市区人均道路面积、市区居民人均住宅面积、城镇居民人均可支配收入、市区每万人拥有公共车辆、城镇登记失业率和千人拥有医生数。城市文化指标包括 2 个三级指标，分别是文化、体育、娱乐从业人数和公共图书馆总藏书量指标。

1. 城镇人口比重

城镇人口是指居住于城市、集镇的人口，主要依据人群的居住地和所从事的产业进行归类。在统计上，城镇人口是指在城镇居住时间超过 6 个月以上的人口。城镇人口比重（又称城镇化率、城市化率、城市化水平、城市化指标）是一个国家或地区经济发展的重要标志，也是衡量一个国家或地区社会组织程度和管理水平的重要标志。反映的是人口由农村向城市迁移聚集的过程，同时又表现为地域景观的变化、产业结构的转变、生产生活方式的变革，是人口、地域、社会经济组织形式和生产生活方式由传统落后的乡村型社会向现代城市社会转化的多方面内容综合统一的过程。

2. 在校大学生数占总人口比重

在校大学生数量代表了接受高等教育的人口数量，该项指标的

高低，一定程度上说明居住人口的教育素质程度，该项指标越高，
教育素质越高。

3. 从业人员数量占比

从业人员数量是指人口中参加经济活动的人口数，不包括从事
家务劳动人口、就学人口、长期患病不能工作人口、年老或退休人
口等。

4. 市区人均道路面积

人均拥有城市道路面积是用城市道路的面积除以该城市的人口
数，可以表示出该城市道路面积是否合理，指的是按城镇人口计算
平均每人拥有的道路面积。道路面积包括城市（县城）路面面积和
与道路相通的广场、桥梁、隧道、人行道面积，人行道面积按道路
两侧面积相加计算，包括步行街和广场，不含人车混行的道路。

5. 市区居民人均住宅面积

人均住宅使用面积是指按居住人口计算的平均每人拥有的住宅
使用面积。可以比较直观地反映住宅的使用状况，以及城市居民居
住的条件。

6. 城镇居民人均可支配收入

城镇居民人均可支配收入是反映居民家庭全部现金收入能用于
安排家庭日常生活的那部分收入。从指标的含义上看，城镇居民可
支配收入是指城镇居民的实际收入中能用于安排日常生活的收入。
它是用以衡量城市居民收入水平和生活水平的最重要和最常用的
指标。

7. 市区每万人拥有公共车辆

每万人拥有公交车辆数是反映城市公共交通发展水平和交通结
构状况的指标，同城市公共交通方式分担率一起，作为判断道路的
总体交通负荷和管理难易度的参考指标，也是判断公共交通优先政
策和措施是否落实的参考指标。

8. 城镇登记失业率

就业是民生之本，也是社会安定的重要前提。统计资料表明，一个失业率很高的地区也是社会秩序较差的地区。城镇登记失业率是指城镇登记失业人口占城镇登记失业人口与就业人口之和的比重。这项指标的可比性很强。

9. 千人拥有医生数

和谐社会的建设需要形成比较完善的医疗体系，每千人拥有医生数是反映社会医疗水平的一项国际性的通用指标。因此，在人口增长的同时，我们还应加强医护人员的培养，以适应和谐社会发展的需要。

10. 文化、体育、娱乐从业人数

该项指标代表了一个城市服务业的发展情况。文化产业是按照工业标准生产、再生产、储存以及分配文化产品和服务的系列产业，其内涵包括与精神消费相关的具体行业。

11. 公共图书馆总藏书量

公共图书馆作为一国重要的公益性文化服务机构，承担着保存人类文化遗产、传播先进文化和开展社会教育等多项重要职能，对于提高全民科学和文化素养，推进科技创新与进步，促进社会主义和谐社会建设发挥着重要的基础性保障作用。公共图书馆事业的发展水平反映了一个国家文明进步的程度，也是一国文化软实力的重要体现。

（三）生态城市建设指标

生态城市建设指标包括 2 个二级指标，分别是可持续发展和环境保护指标。可持续发展指标包括 2 个三级指标，分别是万元 GDP 综合能耗和工业废水排放达标率指标。环保指标包括 3 个三级指标，分别是人均耕地面积、森林覆盖率和人均绿地面积指标。

1. 万元 GDP 综合能耗

能源取自自然，很多能源（如煤、气）是不可再生的。人类在

生产生活中大量消耗能源，带来了自然能源逐渐短缺，使空气、水等受到污染。因此，降低能耗是保护和改善生态环境状况的基本措施之一。该指标从资源耗减角度反映人与能源资源的和谐程度，能源消耗率越低，单位能源消耗量生产的 GDP 越多，人与能源资源的和谐状况越好。

2. 工业废水排放达标率

该项指标是指废水中行业特征污染物指标都达到国家或地方排放标准的工业废水排放的达标程度。该指标的好坏能从一定程度上反映一个地区水质的好坏。吉林省存在水资源严重不足和水资源消耗速度较快等问题。所以设立该指标也是建设和谐吉林应该考虑的一个重要方面。

3. 人均耕地面积

人物耕地面积可以反映土地资源的开发利用与人口发展的协调状况。在目前的科学技术条件下，为人类提供食物的基本条件仍然是土地。因此，耕地面积不仅是人与自然和谐相处的重要内容，甚至是维持人类生存的基本条件之一。

4. 森林覆盖率

森林在维持生态环境方面发挥着十分重要的作用，森林面积的减少就会使洪水、干旱等自然灾害频发。一个地区森林覆盖率的大小与这个地区生态状况基本上呈正比。森林覆盖率越高，说明森林资源越丰富，生态平衡状况越好。野生动物、植物生活环境越好，人与动物、植物的相处就越和谐。

5. 人均绿地面积

城市绿化建设是生态环境保护，改善人民生活环境，实现人与自然和谐相处的重要方面。

三 指标体系基本框架

本书从竞争力、综合承载能力和生态建设三个方面构建哈长城

市群培育指标体系，该体系共有 3 个一级指标，8 个二级指标，25
个三级指标（见表 4 - 1）。

表 4 - 1 哈长城市群培育指标体系

一级指标	二级指标	三级指标
竞争力	经济增长	人均 GDP
		人均社会消费品零售总额
		固定资产投资
		进出口总额
	第三产业发展	第三产业增加值占 GDP 比重
		第三产业从业人员比重
	创新能力	万人专利数
		R&D 支出占 GDP 比重
		新产品销售收入占主营业务收入比重
综合承载能力	人口	城镇人口比重
		在校大学生数占总人口比重
		从业人员数量占比
	居民生活	市区人均道路面积
		市区居民人均住宅面积
		城镇居民人均可支配收入
		市区每万人拥有公共车辆
		城镇登记失业率
		千人拥有医生数
	城市文化	文化、体育、娱乐从业人数
		公共图书馆总藏书量
生态建设	可持续发展	万元 GDP 综合能耗
		工业废水排放达标率
	环境保护	人均耕地面积
		森林覆盖率
		人均绿地面积

第三节　哈长城市群发育情况的评价

一　指标体系的评价方法与研究对象

城市群是一个不断向前发展的概念，是一个动态的过程。如何运用所构建的哈长城市群指标体系来分析、评价城市群的发展进程、发展水平与发展状况至关重要。本书采用 AHP（层次结构分析法）科学确定出各个指标在整个指标体系中的权重，然后对指标进行无量纲处理，最后确定各个指标的实际数值的加权量化值，来综合评价和谐社会的发展状况。

（一）AHP 模型简介

层次分析法（Analytic Hierarchy Process，简称 AHP）是将决策问题按总目标、各层子目标、评价准则直至具体的备投方案的顺序分解为不同的层次结构，然后用求解判断矩阵特征向量的办法，求得每一层次的各元素对上一层次某元素的优先权重，最后再采用加权和的方法归并各备选方案确定总目标的最终权重，此最终权重最大者即为最优方案。这里所谓"优先权重"是一种相对的量度，它表明各备选方案在对某一特点的评价准则或子目标，标下优越程度的相对量度，以及各子目标对上一层目标而言重要程度的相对量度。层次分析法比较适合于具有分层交错评价指标的目标系统，而且目标值又难于定量描述的决策问题。其用法是构造判断矩阵，求出其最大特征值。及其所对应的特征向量 W，归一化后，即为某一层次指标对于上一层次某相关指标的相对重要性权值。运用层次分析法有很多优点，其中最重要的一点就是简单明了。层次分析法不仅适用于存在不确定性和主观信息的情况，还允许以合乎逻辑的方式运用经验、洞察力和直觉。也许层次分析法最大的优点是提出了层次本身，它使得买方能够认真考虑和衡量指标的相对重要性。层次分析法可具体分为以下步骤。

第一步，确定层次分析结构。根据上文所构建的和谐社会评价指标体系，将问题所包含的各因素分为三个层次：第一层是评价的总目标层，即吉林省和谐社会指数；第二层是准则层，即和谐社会的六大组成部分"民主法治、公平正义、诚信友爱、充满活力、安定有序、人与自然和谐相处"；最后将 26 个具体指标作为第三层，即指标层。

第二步，构造判断矩阵。在建立递阶层次结构之后，聘请熟悉此方面情况的有关专家，根据评价指标体系的递阶层次结构，逐层对各个要素两两之间采用 1～9 标度法（见表 4－2），通过专家定性的经验判断分析，确定因素间两两比较相对重要性的比值，构造判断矩阵。

表 4－2　1～9 标度法

重要性程度	含义
1	表示两个元素相比，具有同等重要性
3	表示两个元素相比，前者比后者稍微重要
5	表示两个元素相比，前者比后者明显重要
7	表示两个元素相比，前者比后者强烈重要
9	表示两个元素相比，前者比后者极端重要
2、4、6、8	表示上述判断的中间值
倒数	若元素 i 与元素 j 的重要性之比为 α_{ij}，则元素 j 与元素 i 的重要性之比为 $\alpha_{ji} = 1/\alpha_{ij}$

第三步，层次单排列与检验。对于专家和业内人士填写的判断矩阵，利用一定数学方法进行层次排序。

层次单排列是指每一个判断矩阵各因素针对其准则的相对权

重。所以本质上是计算权向量，计算权向量有和法、特征根法、根法、幂法等，这里简要介绍和法。和法的原理是，对于一致性判断矩阵，每一列归一化后就是相应的权重，对于非一致性判断矩阵，每一列归一化后近似其相应的权重，在对这 n 个列向量求取算术平均值作为最后的权重，具体公式为：

$$W = 1/n \sum (\alpha_{ij} / \sum \alpha_{ij})$$

第四步，在层层排序中，要对判断矩阵进行一致性检验。在特殊情况下，判断矩阵可以具有传递性和一致性。一般情况下，并不要求判断严格满足这一性质，但从人类认识规律看，一个正确的判断矩阵重要性排序是有一定的逻辑规律的。例如 A 比 B 重要，B 又比 C 重要，从逻辑上讲，A 比 C 明显重要，若两两比较时候出现 A 不比 C 重要的结果，则该判断矩阵违反了一致性原则，在逻辑上是不合理的。因此在本书中，判断矩阵也是要求满足一致性。下面进行一致性检验，来检验判断矩阵在逻辑上是合理的，在此基础上进行分析。

一致性检验的步骤如下：

（1）计算一致性指标 $C.I.$

$$C.I. = (\lambda_{max} - n) / (n - 1)$$

（2）查表确定相应的平均随机一致性指标 $R.I.$

根据判断矩阵不同阶数得到平均随机性一致性检验指标 $R.I.$

（3）计算一致性比例 $C.R.$

$$C.R. = C.I. / R.I.$$

当 $C.R. < 0.1$ 时，判断矩阵的一致性是可以接受的，当 $C.R. > 0.1$ 时，判断矩阵的一致性是不可以接受的，需要对该判断矩阵做进一步修正。

第五步，计算总权重。上文分准则层与指标层分别计算了权重，进行综合处理的方法是，用各准则层的权重乘以其下各指标的权重，得到总的权重。总的权重也要通过一致性检验。但也有最新研究指出，使用 AHP 方法不必检验总权重的一致性。也就是说，在实际操作中，总权重的一致性检验可以省略。

（二）研究的对象与数据的说明

狭义的哈长城市群在第三产业产值比重、社会消费品零售总额、人均 GDP 以及经济密度等经济指标数值较高，从经济发展与城市群建设紧密性角度而言，狭义哈长城市群更加符合城市群的内涵与要求。考虑到数据的获取性，本书的研究对象是狭义的哈长城市群。狭义的哈长城市群包括哈尔滨、长春 2 个省会市和齐齐哈尔、大庆、绥化、吉林、松原、四平、辽源共 7 个地级市，以及尚志、五常、讷河、肇东、安达、海伦、九台、德惠、榆树、舒兰、蛟河、桦甸、磐石、双辽、公主岭、扶余、梅河口、柳河和辉南共 19 个县（市），国土面积共 25.40 万平方公里。

相关数据来源于《黑龙江统计年鉴（2013）》《吉林统计年鉴（2013）》《哈尔滨统计年鉴（2013）》《长春统计年鉴（2013）》《中国城市统计年鉴（2013）》《中国区域经济统计年鉴（2013）》和《2013 年哈尔滨国民经济和社会发展统计公报》《2013 年长春国民经济和社会发展统计公报》。

二　指标权重的确定

（一）指标的无量纲处理

哈长城市群发育指标体系中共有 25 个三级指标，由于其量纲以及实际意义、表现形式、对目标的作用方向等彼此不同，不具有直接的可比性。因而，必须对其进行无量纲处理才能进行综合评价与分析。目前，对指标进行无量纲处理的方法很多。由于哈长城市群发育指标体系中既有正向指标（即数值越大越好的指标），又有逆向指标（即数值越小越好的指标），还有些指标是适中指标，且指标之间的"好"与"差"没有明晰的数量界限，因而在很大程度上带有模糊性。为此，本书采用美国学者 L. A. Zadeh 提出的模糊隶属度函数的方法对各指标进行无量纲处理。模糊隶属度函数又分为直线型、折线型和曲线型，本书采用的是直线型模糊隶属度函数的方法，计算各个指标的量化值。

第一步，确定各个评价指标的"优""劣"上下限。进行模糊量化首先需要确定各个指标的"优""劣"上下限，对于正向指标，"优"为最大值，亦即上限值；"劣"为最小值，亦即下限值。对于逆向指标，"优"为最小值，亦即下限值；"劣"为最大值，亦即上限值。对于适中指标，首先是确定出指标的"适度值"，"适度值"可以是一个具体数值，也可以有一个区间范围，如（X01，X02）；其次，围绕这个"适度值"分别确定出上限值和下限值，在确定的过程中最好与"适度值"呈对称分布。

第二步，确定各个指标的模糊隶属度函数类型。在模糊数学中，常把某事物隶属于某一标准的程度，用（0，1）区间内的一个实数来表示，"0"表示完全不隶属，"1"表示完全隶属，模糊隶属度函数就是描述从隶属到不隶属这一渐变过程的。为了计算上的简便，这里选择线性模糊隶属度函数进行量化，函数类型主要有三种。一是对正向指标采用半升梯形模糊隶属度函数进行量化，二是对逆向指标采用半降梯形模糊隶属度函数进行量化，三是对适中指标采用半升半降梯形模糊隶属度函数进行量化。

第三步，模糊变换。将各个指标的实际数值代入其相应的模糊隶属度函数，即可求出其隶属度值（也即量化值）。消除了量纲的影响，计算出各指标的量化值，可运用指标体系进行哈长城市群发育状况进行具体分析与评价。

（二）哈长城市群发育指标体系指标权重的确定

对哈长城市群发育指标体系中的指标通过层次分析法，用求解判断矩阵、特征向量的方法，进行无量纲处理后得出各指标的权重（见表4-3）。

表4-3　哈长城市群发育指标体系权重

一级指标	权重	二级指标	权重	三级指标	权重
竞争力	0.35	经济增长	0.38	人均GDP	0.31
				人均社会消费品零售总额	0.22
				固定资产投资	0.29
				进出口总额	0.18
		第三产业发展	0.31	第三产业增加值占GDP比重	0.50
				第三产业从业人员比重	0.50
		创新能力	0.31	万人专利数	0.31
				R&D支出占GDP比重	0.31
				新产品销售收入占主营业务收入比重	0.38
综合承载能力	0.35	人口	0.30	城镇人口比重	0.41
				在校大学生数占总人口比重	0.24
				从业人员数量占比	0.35
		居民生活	0.42	市区人均道路面积	0.15
				市区居民人均住宅面积	0.23
				城镇居民人均可支配收入	0.25
				市区每万人拥有公共车辆	0.15
				城镇登记失业率	0.11
				千人拥有医生数	0.11
		城市文化	0.28	文化、体育、娱乐从业人数	0.50
				公共图书馆总藏书量	0.50

一级指标	权重	二级指标	权重	三级指标	权重
生态建设	0.30	可持续发展	0.51	万元GDP综合能耗	0.55
				工业废水排放达标率	0.45
		环境保护	0.49	人均耕地面积	0.31
				森林覆盖率	0.36
				人均绿地面积	0.33

三 哈长城市群发育状况综合评价

从历年总指数变化情况看，城市群发育状况不容乐观。2000年以来哈长城市群的发育状况较慢，内部存在较大差异，从2个一级指标来看，城市竞争力以及生态建设指标不理想，有2个指标低于总体指数，但综合承载能力指标显示良好（见表4－4）。

表4－4 哈长城市群发育指标体系指数

指标	2000年	2005年	2010年	2011年	2012年
竞争力	0.483	0.500	0.512	0.517	0.521
综合承载力	0.503	0.516	0.526	0.529	0.532
生态建设	0.500	0.510	0.515	0.516	0.517
总体指数	0.495	0.509	0.518	0.521	0.524

从竞争力指标看，内部也存在较大差异，哈长城市群的经济增长、第三产业发展状况较好，但创新能力较弱。表明了哈长城市群的核心竞争力不强，经济转型和产业升级都十分迫切（见表4－5）。

表4－5 哈长城市群发育指标体系中竞争力指数

指标	2000年	2005年	2010年	2011年	2012年
经济增长	0.526	0.548	0.560	0.569	0.575
第三产业发展	0.501	0.517	0.534	0.535	0.539
创新能力	0.413	0.425	0.431	0.435	0.438

从综合承载能力指标看，人口、居民生活和城市文化指标发育状况都不错，其中人口和居民生活指标发展相对较快，城市文化指标较慢。表明了哈长城市群的城镇化进程较快，但是文化生活滞后（见表4-6）。

表4-6　哈长城市群发育指标体系中综合承载能力指数

指标	2000 年	2005 年	2010 年	2011 年	2012 年
人口	0.510	0.528	0.536	0.540	0.542
居民生活	0.507	0.516	0.530	0.532	0.536
城市文化	0.490	0.502	0.510	0.512	0.514

从生态建设指标看，2000年以来环境保护指标每年都有所改进，但是可持续发展的速度较慢。表明哈长城市群经济发展还处于粗放型增长阶段，发展方式亟待转型（见表4-7）。

表4-7　哈长城市群发育指标体系中生态建设指数

指标	2000 年	2005 年	2010 年	2011 年	2012 年
可持续发展	0.495	0.501	0.506	0.507	0.509
环境保护	0.505	0.519	0.524	0.525	0.526

第五章 哈长城市群发育情况对比分析

第一节 黑、吉两省城镇体系及比较

一 黑龙江省城镇体系

（一）城镇化体系发展现状

黑龙江省城镇等级结构分为省域中心城市、区域性中心城市、省内地方性中心城市、县（市）域区片中心城镇等6个等级（见表5-1）。根据全省产业布局空间开发模式、城镇体系等级结构和职能分工，初步形成以中心城镇为节点，以交通干线为发展轴线，以城镇群（带）为组织形式的城镇体系空间结构，发展轴线21条。一级轴线2条，滨洲线和滨绥线、哈大线；二级轴线6条，滨北线、齐北线、牡佳线、绥佳线、齐齐哈尔—富裕—嫩江线（富嫩线）、牡丹江—林口—东方红线（林密线—密东线）；三级轴线13条，平齐线、通北线、拉滨线、牡图线、嫩西线、北黑线、汤林线、鹤岗线、福前线、松花江及沿江公路线、黑龙江和乌苏里江及沿江公路线、绥阳—东宁—汪清线、集贤—友谊—宝清—东方红线。

表 5 - 1　黑龙江省城镇体系等级结构

城镇等级	中心地职能	城镇名称
一级城镇	省域中心城市	哈尔滨
二级城镇	区域性中心城市	齐齐哈尔、牡丹江、佳木斯、大庆
三级城镇	省内地方性中心城市	绥化、鹤岗、鸡西、双鸭山、七台河、伊春、黑河、北安、（加格达奇）、富锦、尚志、肇东、绥芬河、密山
四级城镇	县（市）域中心城镇	阿城、呼兰、宾州、方正、依兰、讷河、龙江、依安、泰来、甘南、富裕、克山、克东、拜泉、肇州、肇源、林甸、泰康等，共计66个
五级城镇	县（市）域区片中心城镇、重要工矿区、分散布局城市市区、县域副中心或相应区域中心	玉泉、达连河、新甸、拉哈、一面坡、五家、苇河、亚布力、周家、拉林、康金、宾西、新发、西集、山河、兴隆（巴彦）、景星、老莱、宝泉、三道拉哈、喇嘛甸等，共计94个
六级城镇	一般建制镇镇域中心，第二、第三产业集聚地	约600个（略）

（二）城镇职能及发展战略

根据城镇职能协作及区域空间联系，重点建设四个城镇群（带），即哈大齐城镇群及其拓展形成的南部城镇带，以牡丹江、佳木斯为核心的东部城镇群，边境口岸城镇带，由鸡西、鹤岗、七台河、双鸭山构成的东部煤炭城镇群。城镇发展战略以大、中城市带动为核心，以发展县城和中心镇为重点，积极稳妥地提高城镇化水平和城镇发展质量。其要点是以"优化结构、提高质量、完善功能、突出特色"为城镇发展方针；实施以建设哈尔滨、大庆现代化城市为龙头，以建设齐齐哈尔、牡丹江、佳木斯等综合性特大城市和鸡西、鹤岗、双鸭山、伊春、七台河等资源型城市结构优化为综合性大、中城市为支柱，以绥芬河、黑河等重要口岸城市为开放窗口；

按照"五依三沿"（依托大中城市、油林矿区、边境口岸、大农林牧场、风景旅游区，沿铁路、公路、大河）实施以重点小城镇为基础的小城镇分类规划建设，逐步建立起大、中、小城市和小城镇协调发展的生态型、开放式的省域城镇体系发展格局，以城镇经济带动区域经济的整体发展，在保持城镇化水平位居全国各省区前列的同时，着重以提高城镇质量为主线；为实施"二次创业，富民强省"战略和生态示范省战略提供高功能的载体系统。

1. 城镇体系空间发展战略

中心集聚、分区调控、"点—轴"推进、网络发展是黑龙江城镇体系的空间发展战略。

（1）中心集聚是指各种生产要素向各级中心城市的集聚，促进中心城市，特别是哈尔滨都市圈的完善和发展。

（2）分区调控是根据黑龙江省南、东、北三大经济区和八大城市经济区的发展实际，对其中心城市、空间组织、生态建设等提出相应的调控原则和措施。

（3）"点—轴"推进是以各级城镇为节点，以基础设施为骨架，特别是交通干线为轴线组织省域空间发展。其中，北部经济区（北黑城市经济区、大兴安岭经济区、伊春城市经济区）重点强调"点"的聚集，以"据点式"发展模式为主；哈尔滨大都市圈（哈尔滨城市经济区）强调以哈尔滨为核心的轴线拓展，以"网络式"发展模式为主，其他地区以"点—轴"式模式为主，重点强调重要发展极核和重要发展轴线。

（4）网络发展是指促进全省"节点—轴线"体系的完善，逐步形成城乡协调的省域发展态势。

2. 黑龙江省城镇发展的空间战略

（1）一圈先行。以哈尔滨大都市圈（即哈尔滨城市经济区）建设为核心，发挥哈尔滨中心城市的发展核心地位和作用。

（2）一带牵动。以哈—大—齐—牡南部城市带为重点，带动南部经济区的整体发展，构筑黑龙江省社会经济发展的重心地域。

（3）三"Y"拓展。通过城镇体系空间发展的三个"Y"型二级发展轴线，即齐齐哈尔—富裕（嫩江、北安）、哈尔滨—绥化（北安、佳木斯）、牡丹江—林口（佳木斯、东方红）的进一步拓展，带动东部经济区和北部经济区重点地域的发展。

（三）职能型城市结构及发展方向

1. 城市类型

（1）综合性城市有哈尔滨、牡丹江、齐齐哈尔、佳木斯、北安等，以贸易、金融、旅游等第三产业及机电、化工、轻纺、食品等工业为主。

（2）工业城市有阿城、富锦及其他农业区域县级城镇，积极发展重型机械工业或以区域自然资源为基础发展食品、轻纺等轻工业，积极发展第三产业。

（3）口岸城市包括绥芬河、黑河、同江、东宁、抚远等，大力发展边境贸易、第三产业。

（4）风景旅游城市包括五大连池、漠河、亚布力等完善旅游服务设施，以旅游为主大力发展配套产业。

（5）资源加工型城市包括矿产资源城市大庆、鸡西、鹤岗、双鸭山、七台河等，以资源优势为基础，大力发展资源加工业及资源综合利用，同时加强城市第三产业的发展。

（6）林业城市包括伊春、铁力、加格达奇等。

2. 城市定位

根据城镇化发展战略任务和重点任务，确定了对全省发展具有重要影响的城市及其功能定位。

（1）哈尔滨是中国东北北部中心城市，是我国重要的绿色食品基地、装备工业基地、高新技术产业基地,世界冰雪文化名城。

(2)大庆是高科技现代化园林城市,是我国重要的石化和石油工业基地,是黑龙江省西部区域性中心城市。

(3)齐齐哈尔是黑龙江、吉林、内蒙古三省区交界区域的交通枢纽、经贸中心,是以装备工业为重点的综合性城市。

(4)牡丹江是黑龙江省东南部中心城市,以绿色食品、医药、化工、电子信息和旅游业为主的现代山水园林城市。

(5)佳木斯是黑龙江省东北部中心城市,以绿色食品工业和轻工业为主的内陆口岸开放城市。

(6)黑河是我国北部重要的内陆边境口岸城市。

(7)绥芬河是我国东部重要的内陆边境陆路口岸城市。

(8)鸡西是以煤炭资源综合开发利用为主导的综合性工业城市。

(9)鹤岗是以煤电联产为主导的综合性工业城市。

(10)双鸭山是以煤电工业为主导的综合性工业城市。

(11)七台河是以能源工业为主导的综合性生态园林城市。

(12)伊春是以森林资源综合开发利用和生态旅游为主的森林花园城市。

(13)绥化是以绿色食品加工为主的综合性城市。

(四)区域与城镇产业发展重点

1. 产业结构调整重点

改变粗放式的产业发展模式,立足寒地特色和良好的生态条件,加快老工业基地改造步伐,突出科技创新和体制创新,建立城乡协调的开放型区域和绿色经济结构。全省区域和城镇产业结构调整的重点有以下几点。

(1)依托黑龙江省作为国家重要商品粮基地的基础,建设我国最大的绿色食品生产基地。

（2）加快改造步伐，振兴以电站成套装备、重型机械装备、新型微型汽车及发动机、新型多用途飞机及发动机、焊接切割技术与装备等为主的装备工业基地。

（3）依托现有基础，构建以石油化工、煤化工、粮食化工、橡胶、塑料加工及其深加工等为主的哈—大—齐—牡石化产业带。

（4）以信息化带动工业化，加强高新技术开发和产业化，发展以信息产业为龙头的高新技术产业，重点建设哈尔滨、大庆高新技术产业基地。

（5）加快以冰雪、森林、湿地、农业等为主导产品的生态旅游基地建设。

（6）继续壮大食品、医药、建材等优势产业。

（7）加快水利、交通、邮电通信、能源等基础设施建设，调整基础产业结构。

（8）进一步以体制创新为龙头，加快城乡第三产业，特别是大城市中高层次第三产业的发展。

2. 产业布局调控重点

（1）针对全省城市和区域产业结构调整重点和产业布局现状及特征，依照因地制宜、合理分工、各展所长、优势互补、共同发展的思路，调整生产力布局，促进三大经济区的协调发展。

（2）根据各区域发展实际，分别采用据点式、"点—轴"式、网络式开发模式，突出两大高新技术产业开发区在省内发展的带动作用，启动三大经济发展地带的开发协作。

3. 三大经济区产业调控重点

（1）南部经济区重点发展石化、装备、食品、医药、旅游、现代服务业、特色农业和高新技术等产业，搞好老工业基地改造，加强基础设施建设，促进产业结构和产品结构升级，建设成强大的综合经济区和国家级重点商品农业开发区。

（2）东部经济区重点加强煤炭资源的综合开发利用，积极发展煤城替代产业，建成具有国际先进水平的国家级非金属材料生产和出口基地，成为省内重要的建材工业基地、生态农业、外向型农业和绿色农产品加工业基地。

（3）北部经济区重点实施"天保工程"，调整森林产业结构，建设木材综合利用、绿色林副产品精深加工、造纸业和以森林养生游、跨国边境游为重点的旅游基地。

二　吉林省城镇体系

（一）城镇化体系发展现状

吉林省是中国东北地区的内陆省份，是全国重要的交通运输设备制造业基地、全国重要的石化产业基地和全国重要的商品粮基地。

吉林省现辖 8 个市、1 个自治州以及长白山保护开发区管理委员会，8 市 1 州分别是长春、吉林、四平、辽源、通化、白山、松原、白城和延边。长白山保护开发区管理委员会成立于 2006 年 1 月，位于吉林省东南部，行政区域跨延边的安图、白山的抚松、长白，东南与朝鲜毗邻，辖区面积约 6718 平方公里，分为池北、池西、池南3 个经济管理区。吉林省全境东西最长约 750 公里，南北最宽约 600公里，总面积 18.74 万平方公里，占全国总面积的 2%。

作为老工业基地，吉林的城镇化在计划经济时期起步，并长期处在全国平均水平以上。改革开放以来，伴随着经济的快速发展，吉林省城镇建设继续稳步推进，初步建立了较为完整的城镇体系框架，包括 2 个特大城市（长春、吉林）、7 个大中城市（含延吉）、38 个县城（含县级市，不含前郭）和 406 个小城镇（不含20 个县城镇）等。6 个层次的城镇规模等级，初步形成了较为完整的城镇体系框架，为全省城镇化发展奠定了良好的基础。吉林省城镇规模等级自上而下呈"金字塔"式分布,结构比较稳定(见表5-2)。目前,吉林省初步形成了以长春和吉林为核心,区域中心城市、县城和小城镇各具特色的城镇体系框架。

表5-2 2010年吉林省城镇体系框架

城镇等级	规模等级(万人)	城镇名称	数量
特大城市	100以上	长春、吉林	2
大城市	50~100	四平、白山(含江源)	2
中等城市	20~50	延吉、通化、辽源、白城、松原(含前郭)、敦化、公主岭、梅河口	8
县城	10~20	蛟河、榆树、东丰、桦甸、舒兰、洮南、珲春、德惠、农安、九台、梨树	35
	10万以下	辉南、汪清、双辽、扶余、长岭、柳河、通榆、伊通、镇赉、和龙、乾安、龙井、大安、永吉、图们、临江、安图、靖宇、磐石、抚松、通化、集安、长白、东辽	
小城镇		英俊、奢岭、卡伦等(不含20个县城镇)	406

资料来源:《吉林省2010年第六次全国人口普查公告》和《吉林省城镇化发展"十二五"规划》。

以中部城市群为中心,以东部、东南部、西部城镇群为支撑的产业发展特色清晰。随着吉林省经济社会的不断发展,全省各地区已形成重点突出、各具特色的产业集群,其中中部城市群重点打造成现代农业、加工制造、高新技术、现代服务业等产业集群;环长白山城市群及东南部城镇群突出特色产业发展,建立了医药、旅游、食品等优势产业;东部城镇群积极发挥图们江区域在长吉图开发开放先导区建设中的桥头堡作用,着力发展外向型经济;西部城镇群建立了能源产业、特色农业和能源开发及配套设备加工等产业。

（二）城市职能结构及发展战略

吉林省主要城市的职能结构见表 5 - 3。按照"强化中部、构筑支点、区域联动"的发展思路，促进大中小城市和小城镇协调推动，长吉一体化率先带动，东、中、西部区域联动，城镇乡村共进互动。依托"两区四轴两带"的省域城镇体系框架，加快形成以长吉为核心、中部城市群为依托、哈大和珲乌大十字交通主轴为支撑的城镇化发展新格局。做大做强长春和吉林两市，加快推进长吉一体化进程，推动中部城市群发展，切实提升对全省经济社会发展的带动力；加强市（州）政府所在地区域中心和重要节点城市建设，提高区域辐射带动能力；促进一批基础条件好、发展潜力大的县城加快发展，尽快打造一批有一定规模效应和集聚效应的大中城市；培育一批区位较好、特色鲜明、有一定产业基础和辐射带动功能的中心镇。

表 5 - 3　吉林省城市职能结构

城市	城市职能
长春	省会市，全国重要的新型工业和现代服务业基地城市
吉林	副中心城市，以石油化工为主的新型工业基地，山水旅游生态宜居城市
四平	机械制造、农业产业化基地，重要的交通（物流）中心城市
辽源	轻工业、新材料产业基地城市
通化	冶金、医药（生物）、旅游产业基地城市
白山	能源、矿产、旅游产业基地城市
松原	石油化工、农产品加工为主的工业城市
白城	新能源、农牧产品加工为主的工贸城市

（三）职能型城市结构及发展方向

根据吉林省重点中心城市、地方性中心城镇未来的发展重点及其在吉林省的地位和作用，对其职能结构进行定位（见表 5 - 4）。

表5-4 吉林省城镇职能分类情况

规划职能类型		数量	城镇
中心城市	综合型	3	长春、吉林、延龙图
	工业型	4	辽源、松原、扶余、通化
	交通型	4	四平、双辽、梅河口、敦化
	旅游型	2	白山、松江河（含抚松县城）
	工贸型	3	珲春、白城、公主岭
县（市）	工业型	14	农安、九台、德惠、口前（永吉）、磐石、梨树、东丰、白泉（东辽）、快大茂（通化）、朝阳（辉南）、柳河、前郭、镇赉、洮南
	工贸型	10	榆树、蛟河、桦甸、靖宇、长岭、乾安、通榆、和龙、汪清、明月（安图）
	旅游型	4	舒兰、伊通、集安、二道白河
	商贸型	3	长白、临江、大安

吉林省城镇体系成长的核心是打造长吉都市区，重点引导长吉图开发开放先导区发展，培育外部支点，推进南部崛起，培育北部门户战略支撑点，快速推进延龙图区域经济一体化进程，统筹城乡和区域发展，统筹经济社会的协调发展，缩小吉林省中部地区与东部、西部地区差距的发展战略，形成区域发展和谐的空间结构体系。按照"强化中部、构筑支点、区域联动"的发展思路，依托"两区四轴"的省域城镇体系框架，加快形成以长吉为核心、中部城市群为依托、哈大和珲乌大十字交通主轴为支撑的全省城镇化发展新格局。

"两区"为长吉一体化都市区和延龙图珲城市组合区；"四轴"为哈大（哈尔滨—大连）、舒梅（舒兰—梅河口）两条纵向发展轴，珲乌（珲春—乌兰浩特）、南部门户（双辽—四平—辽源—梅河口—通化—白山）两条横向发展轴。哈大产业轴发展新型工业和生产性服务业；珲乌产业轴东部发展为矿产品、林下产品加工业等产业，中部发展石油化工、汽车及配件产业，中西部发展能源、农产品、装备制造（风电）等产业；南部门户轴和舒梅轴发展冶金、食品、医药、轻纺、机械制造等产业。

（四）区域与城镇产业发展重点

1. 打造世界级汽车产业基地

（1）以市场需求为导向，以一汽为核心，构建整车研发制造、零部件配套的服务体系，全面提升研发制造的服务水平和整车制造能力。

（2）加快建设长春、吉林汽车产业园区，以解放、奔腾、红旗系列自主品牌和节能型小排量汽车为重点，提高轿车、中重型卡车、轻微型车生产能力。

（3）重点支持一汽插电式混合动力汽车产业化，加快纯电动轿车研发制造，突破电池、电机、电控等关键生产技术。

（4）突出"专、精、特、新"，支持生产道路维护、工程作业、高压输送、保温冷藏、消防安全等高端专用车企业，加快专用车生产研发基地的建设。

（5）积极打造大型零部件企业集团，高起点培育百强零部件配套企业，提高汽车零部件同步开发和系统配套能力。

（6）加快形成车身内外饰、底盘、转向及传动、车轮、发动机附件、电子电气等系统模块配套体系，建设欧美汽车零部件产业园、日系汽车零部件产业园和地方汽车零部件产业园，打造长春汽车零部件出口基地，省内零部件配套率达到50%以上。加快汽车物流、金融、售后服务、二手车交易等汽车服务体系建设。

2. 打造具有核心竞争力的农产品加工产业基地

（1）依托吉林省丰富的农业资源和长白山生态资源，发挥产业基础和区位优势，进一步培育大型企业集团，加大研发力度，提升装备水平，不断提高产品附加值、资源综合利用水平和辐射带动能力。

（2）强化粮食精深加工，合理控制玉米加工总量，着力提高加工精度，大力发展非粮产业，增加饲料生产比重，保障食品安全。

（3）依托大成、中粮、吉粮等大型企业集团，扩大化工醇、环氧乙烷产能，增加品种，加快乙酸乙酯、聚乳酸、生物聚酯等工艺技术研发和产业化进程，使精深加工比重达到80%左右；积极推动原料替代，加快技术研发和成果转化，使非粮原料比重达到30%。

（4）大力发展水稻、大豆、杂粮杂豆加工产业，积极开发终端产品，培育创立"吉林品牌"。

（5）推进畜禽产品综合加工，依托皓月、德大、华正、广泽等龙头企业，重点发展各类熟食品和乳制品；利用生物技术推进农副产品综合利用，提高产品附加值；加快形成亚洲最大的清真牛肉制品基地和肉鸡出口基地；积极推进中新食品区建设，开发生产绿色有机食品。

3. 打造国内重要的大型石化产业基地

（1）发挥吉林省面向东北亚的区位优势，利用境内外油气资源，依托吉化、吉林油田等龙头企业，进一步提高油气、炼油、乙烯产能，加快推进炼化一体化，延伸产业链，拓展应用领域。

（2）加大油气勘探开发力度。坚持油气并举，增储上产，实施油气勘探、产能建设、老油田改造、装备更新等工程，使省内油气产能超1000万吨。

（3）提升炼油能力和油品质量。积极争取中石油、中石化等央企的支持，实施吉化1500万吨炼油系统扩能改造。依托桦甸、梅河口、汪清和松辽盆地等油页岩资源优势，引进先进的采炼技术和设备，大力发展页岩油，形成100万吨以上产能。积极推动对俄油气合作，谋划构建珲春500万吨级石油战略储备基地和千万吨级国际石油炼化基地。

（4）深度开发乙烯及下游产品。积极推动吉化公司小乙烯扩能改造，应用催化热裂解技术，实现乙烯原料多元化。集中碳四、碳五资源，发展异戊橡胶、石油树脂等产品。做大做强聚乙烯、ABS树脂、丙烯腈等优势产品，做精特种碳纤维、高活性聚异丁烯、橡塑专用料等特色产品，建设全国合成树脂、合成橡胶、合成纤维、有机化工原料生产基地。

（5）突出发展精细化工。以吉林化工循环经济示范园区为载体，加大招商引资力度，发展企业集群，延伸产业链条，推动产品升级换代，积极发展高端产品。鼓励发展高效、低毒、低残留的环保生态农药，提升高效品种比例。积极发展催化剂、添加剂和助剂，扩大规模，增加品种，提高产品附加值。全面提升染料、涂料、颜料品质，培育品牌。努力提高日用化学品产品档次，积极开拓市场。着力发展功能高分子材料等高端产品，充分发挥吉林省生物质资源优势，加快生物技术开发与产业化，形成战略性新兴产业发展高地。适度发展新型煤化工，发掘利用域外煤炭资源，开发柴油、汽油、航空煤油、乙烯原料、替代燃料（甲醇、二甲醚）等生产技术，生产洁净能源和可替代石化产品，建设大型煤化工产业基地。

（6）推动石化与汽车产业融合发展。加快建设汽车橡塑零部件工业园、汽车用化学品工业园，引导企业集聚发展，开发汽车专用料、轮胎、电线电缆护套、汽车密封件、防冻液、车用底漆等系列化工产品。

三　黑、吉两省比较

（一）黑龙江省经济发展水平滞后于吉林省

2004～2013年，黑龙江经济规模相对缩小，居民生活水平相对

下降，而且有进一步下降的趋势（见表 5-5）。2004 年黑龙江 GDP
为 5303 亿元，其数额是吉林的 1.70 倍；2013 年黑龙江 GDP 为
14383 亿元，其数额是吉林的 1.11 倍，黑龙江与吉林 GDP 的差距在
缩小，缩小了 35%。2004 年黑龙江人均 GDP 为 13897 元，其数额是
吉林的 1.20 倍，2013 年黑龙江人均 GDP 为 38602 元，其数额是吉
林的 82%，吉林反超黑龙江，这个反超始于 2007 年。

表 5-5　黑、吉两省经济发展水平

年份	GDP（亿元）		人均 GDP（元）	
	黑龙江	吉林	黑龙江	吉林
2013	14383	12982	38602	47191
2012	13692	11939	35711	43415
2011	12582	10569	32819	38460
2010	10369	8668	27076	31599
2009	8288	7279	21665	26595
2008	8310	6426	21727	23521
2007	7077	5285	18510	19383
2006	6217	4275	16268	15720
2005	5514	3620	14440	13348
2004	5303	3122	13897	11537

（二）黑龙江产业结构演进趋缓

1995～2013 年，黑龙江非农产业增加值占地区生产总值的比重
从 81.36% 增加到 82.50%，仅增长了 1.14 个百分点；而吉林非农产
业增加值的比例从 73.27% 增加到 88.37%，增长了 15.10 个百分点。
由此可见，黑龙江产业结构演进缓慢。从图 5-1 可以看出，黑龙江
自 2000 年之后非农产业的比重出现下滑趋势。从第一产业来看，
1995～2013 年，黑龙江第一产业增加值占比从 18.64% 下降到

17.50%，但 2000 年以后上升趋势明显，而吉林第一产业增加值占比从 26.73% 下降到 11.64%，黑龙江的下降幅度小于吉林（见图 5 - 2）。从第二产业来看，1995～2013 年，黑龙江第二产业增加值占比从 52.66% 下降到 41.15%，而吉林第二产业增加值占比从 41.79% 上升到 52.83%（见图 5 - 3）。就第三产业而言，1995～2013 年，黑龙江第三产业增加值占比从 28.70% 上升到 41.35%，而吉林第三产业增加值占比从 31.48% 上升到 35.54%（见图 5 - 4）。

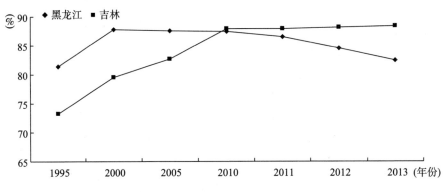

图 5 -1 黑龙江和吉林非农产业占 GDP 比重

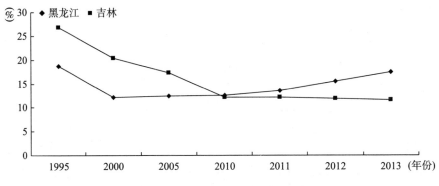

图 5 -2 黑龙江和吉林第一产业占 GDP 比重

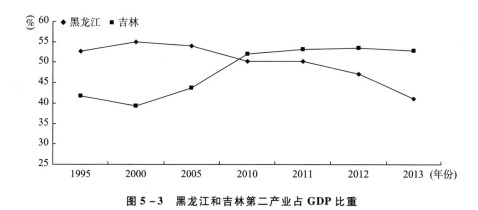

图 5-3　黑龙江和吉林第二产业占 GDP 比重

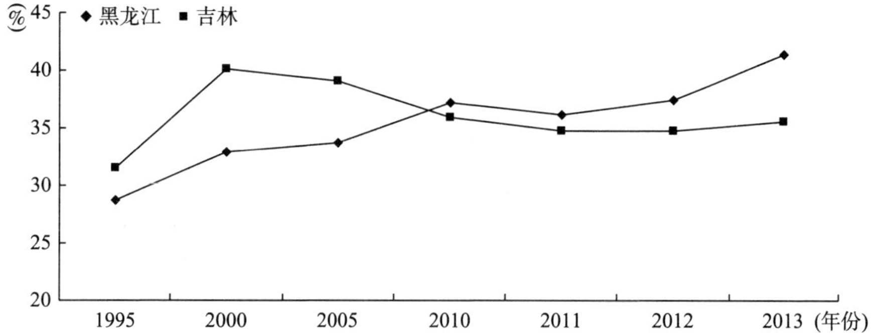

图 5-4　黑龙江和吉林第三产业占 GDP 比重

（三）黑、吉两省重工业比重依然过高

2008～2012 年，虽然黑、吉两省重工业产值占工业总产值比重大幅度下降，但总体上看，黑、吉两省重工业比重仍高于全国平均水平。2000～2012 年，黑龙江重工业产值比重下降明显，从82.0% 下降到 69.9%，但与全国平均水平相比，2000 年高于全国21.7 个百分点，2011 年高于 1.1 个百分点；同一时期，吉林省重工业产值比重也从 78.1% 下降到 71.4%，但还是高于全国平均水平，2000 年高于全国 17.8 个百分点，2011 年高于全国 0.7 个百分点（见表 5-6）。

表 5 - 6   黑、吉两省及全国重工业产值比重

单位:%

年份	全国	东北三省	黑龙江	吉林
2012	—	73.5	69.9	71.4
2011	71.8	75.3	72.9	72.5
2010	71.4	76.4	74.6	74.0
2009	76.6	77.1	75.4	75.1
2008	71.3	79.5	81.1	75.3
2005	67.6	—	82.1	76.6
2000	60.3	—	82.0	78.1

注:"-"代表数据缺失。

(四) 黑、吉两省高技术产业比重低于全国平均水平

自 1995 年以来,黑、吉两省高技术产业产值占工业总产值比重不断下降,从 2007 年开始明显低于全国平均水平。从总体情况看,1995~2006 年黑、吉两省高技术产业产值比重高于全国水平,最大差值黑龙江和吉林分别高出全国 4.5 个和 2.0 个百分点,而 2007~2012 年东北三省高技术产业产值比重低于全国水平,最大差值黑龙江和吉林分别低于全国 8.5 个和 7.7 个百分点。1995~2012 年,黑龙江高技术产业比重从最高 2005 年的 7.7% 下降到 2012 年的 4.2%,下降了 3.5 个百分点;吉林高技术产业比重从最高 2000 年的 6.1% 下降到 2012 年的 5.7%,下降了 0.4 个百分点;全国高技术产业比重从 2005 年最低的 3.2% 上升到 2012 年的 11.0%,上升了 7.8 个百分点(见表 5 - 7)。

表 5 - 7   黑、吉两省及全国高技术产业产值占工业比重

单位:%

年份	全国	东北三省	黑龙江	吉林
2012*	11.0	4.8	4.2	5.7
2011*	10.4	4.6	4.1	5.5

续表

年份	全国	˙东北三省	黑龙江	吉林
2010	10.7	4.7	3.7	5.6
2009	11.0	4.8	4.3	5.4
2008	11.3	4.6	3.7	5.1
2007	12.5	5.1	4.0	4.8
2006	3.2	4.9	3.9	4.9
2005	3.2	6.8	7.7	5.2
2000	5.9	7.6	7.2	6.1
1995	4.5	3.5	3.9	3.1

注：˙为主营业务收入。

资料来源：《中国高技术产业统计年鉴（2013）》。

第二节　黑、吉两省城市群及比较

一　黑龙江省城市群

黑龙江充分发挥南部地区产业基础雄厚、科技力量和人才资源众多、土地资源丰富、交通发达便利的优势，推进以哈尔滨市为龙头、以哈大齐工业走廊建设为支撑的绥满铁路沿线城市群发展。在提高大中城市发展水平的同时，促进一批中小城市的崛起，形成黑龙江省最大的和最具活力的经济密集区和人口密集区。明确城市群中哈尔滨、齐齐哈尔、牡丹江、大庆、绥化等城市的功能定位，加强分工协作和优势互补，消除低水平盲目竞争，增强城市群作为一个整体的竞争优势。以哈尔滨、齐齐哈尔和大庆为核心，发展我国重要的装备工业基地、石化工业基地、食品工业基地和医药工业基地。以哈尔滨和牡丹江为核心，发展我国最具特色的冰雪旅游胜地。以绥芬河为重点，提高口岸设施水平，进一步扩大对俄贸易通道容量，在黑龙江南部建成最重要、最便捷的对俄贸易通道。推进以佳木斯为区域中心、以东部煤电化基地建设和口岸贸易加工为依托的东部城市群发展。进一步提升佳木斯区域中心城市的功能,加快鸡西、鹤岗、双鸭山、七台河等煤炭城市的基础设施建设,扩大城市规模,完善城市布局,发挥集聚本地人口、带动本地发展的中心作用。

(一) 哈尔滨城市群

哈尔滨城市群是以哈尔滨为中心,包括齐齐哈尔、绥化、牡丹江、大庆、鸡西、双鸭山、鹤岗、七台河等城市,辐射到伊春和佳木斯,其核心优势是土地规模大、人力资源丰富、城市群分工明确、铁路交通便利。该城市群综合竞争力在全国30个城市群中排名第10位,比较靠前。

哈尔滨城市群先天竞争力得分为 −0.88944,全国排名第26位,相对靠后。其城市土地规模、耕地规模、劳动力数量、城市建设用地规模都比较大,说明该城市群农业和加工业发展潜力较大;城镇常住人口、移民人口规模居中,说明对周边地区辐射力影响有限;气候较冷、城市土地密度和城市密度指标在全国排名靠后,直接影响了该城市的先天竞争力。

哈尔滨城市群现实竞争力得分为 −0.02651,全国排名第8位,比较靠前。其中GDP、进出口总额、国际旅游收入、居民储蓄、人均GDP、人均可支配收入、城市群分布、城市化水平等多项全国指标排名靠前;外资额、非农产业比例、人均财政收入、人均储蓄、人均第三产业增加值等指标在全国排名居中;地均GDP全国靠后,影响了现实竞争力的排名。

哈尔滨城市群成长竞争力得分为0.381479,全国排名第9位,比较靠前。城镇常住人口增长、城市移民人口增长、教育质量、文化设施、港口交通、高速公路、铁路级别、绿化覆盖率、城市交通设施等指标全国排名靠前；科技水平、医疗质量、机场等级、工业废物利用率、行政级别、企业辐射指数、城市群道路密度等指标在全国排名居中；GDP 增长、人均 GDP 增长和工业污水排放处理达标率指标全国排名靠后，大大影响了其成长竞争力。

哈尔滨大都市圈设计包括哈尔滨城市经济区和绥化城市经济亚区、尚志城市经济亚区。其中，哈尔滨城市经济区包括哈尔滨市区、阿城、双城、肇东、宾县、巴彦、木兰、通河等县（市），是以重型机械、动力设备、精密机械、医药、汽车等产业为主的城市群体；绥化城市经济亚区包括绥化市区、兰西、青冈、望奎、明水、海伦、绥棱、庆安等县（市）；尚志城市经济亚区包括尚志、五常、延寿、方正、依安等县（市）。大哈尔滨作为我国东北北部最主要的中心城市，将在区域经济体系中承担着控制、管理、研发、金融、物流中心等责任。绥化、尚志作为大都市圈的次级中心城市，将分散哈尔滨市的部分职能，从而促进这两个副中心区域的发展，提高城镇的城市化水平以及经济功能，平衡整个大都市圈的发展。两个次级中心城市应通过聚集较强的生产能力、促进服务业的壮大来发展对各自腹地的辐射力，并增强对哈尔滨大都市圈的支撑能力。

（二）黑龙江省南部城市群

黑龙江省南部城市群集聚超大城市（哈尔滨）、特大城市（齐齐哈尔）、大城市（牡丹江、大庆）和一些中等城市（如绥化、尚志等），构成省内最大的城市群，城市群间经济互补性强，城市间交通便捷，交通网密集。以滨州—滨绥铁路为轴线，把哈尔滨、牡丹江、齐齐哈尔等城市群相连接，使其西部林业、牧业城市，中部石油、机械城市，东部林业、农副产品加工工业城市融为一体，构成了黑龙江中南部城市经济圈的基本格局，其市场范围的经济圈半径基本上覆盖了黑龙江主要的经济区域，从而形成相对均衡的区域经济发展格局。

1. 牡丹江城市亚群

建立、发展以牡丹江为核心，辅以海林、宁安、绥芬河、穆棱为次级中心，加上林口、东宁等的县镇城市群体。牡丹江与俄罗斯接壤，有4个国家一类口岸，是黑龙江省东出海参崴、南下图们江的交通枢纽，是黑东的政治、经济、文化和交通中心，在东北亚国际经贸大通道上占有极其重要的位置。

2. 齐齐哈尔城市亚群

以齐齐哈尔、大庆为中心，包括肇州、肇源、林甸、杜尔伯特、龙江、富裕、甘南、泰来、安达等县（市）。在这一城市群中应着重完善强化齐齐哈尔市的城市功能，把齐齐哈尔建成二级中心城市，辐射带动齐齐哈尔及包括大庆在内的周边地区，使这一区域成为带动黑西北地区经济发展的中心地带，成为全省第二大城市经济圈。

（三）黑龙江省东部城市群

黑龙江省东部城市群的特点是面积大，城市人口比重高，但城市密度较低。本区以佳木斯为中心、以交通干线为轴线，以沿线重点城市为依托，是具有较大内聚力和辐射力的城镇经济带；通过建立高能级的中心城市，推进小城镇的发展，形成城镇体系圈域发展的格局，带动整个黑龙江东北部地区经济的腾飞。

1. 佳木斯亚城市群

以佳木斯为中心，牡佳铁路为骨干的城镇经济带，辅以四大煤城（鸡西、双鸭山、鹤岗、七台河）和密山、鸡东、宝清、铁力、虎林、桦南、富锦、同江、抚远、桦川等县（市），以及遍布于广大地区的林场、农场等组成的条状城市密集区。这一经济带覆盖黑龙江矿产资源极为丰富的地区，是全国的农业生产基地之一，是黑龙江的粮、油、糖、麻、林等商品生产基地。

2. 伊春亚城市群

以伊春为中心，包括由 21 个卫星城镇组成的群体城市，2 个县（市）15 个区，17 个林业局。伊春是我国重要的木材生产基地，依托丰富的林木资源，通过改变要素的配置方式提高产投效率，从而将林业经济推向集约型增长的道路，形成以锯材、人造板、木制品、林产化工等森林工业为支柱的生产体系。

二　吉林省城市群

吉林根据区内城镇体系现状，主要城市职能定位、城镇总体布局和主导产业优势，定义了五个城市群，分别是中部城市群、图们江城市群、环长白山城市群、西部城市群和东南部城市群，五个城市群根据地缘特点、资源禀赋、体现了吉林省产业发展的不同规划方向。其中，中部城市群主要发展汽车、石化、农产品加工、现代服务业，图们江城市群主要是出口加工、对外贸易、能源矿产、旅游、医药等，环长白山城市群主要是旅游和林产品加工，西部城市群主要是能源、农产品加工和旅游业，东南部城市群主要发展医药、钢铁、新型建材生产。

（一）吉林省中部城市群

1. 范围及空间形态

涵盖长春、吉林、四平、辽源和松原 5 个市城区及其所辖县（市），通化所辖的梅河口、柳河、辉南。共包括 5 个地级市，22 个县（市），区域总面积 96773 平方公里，占全省总面积的 51.6%，其中中心城市建成区面积 843.9 公里。

中部城市群地处东北亚区域几何中心，以长春为中心的综合交通网络与东北亚的韩国、日本、俄罗斯、蒙古、朝鲜等国家及我国东北各主要城市都有方便的联系，与各个国家之间具有广泛的经济技术合作前景和巨大的发展空间。中部城市群具有自然禀赋优良、经济基础较好、区域城镇化水平较高、科教文化发达、交通基础设施相对完善、一体化发展基础较好的优势。

中部城市群是吉林主要的重点开发区域，中部城市群建设将承担着承载全省经济和人口增长的主体功能。通过重点加快中部城市群建设，可有效吸引吉林省东部生态保护带和西部草原湿地恢复带人口转移，带动全省经济社会持续健康快速发展。《中国图们江区域合作开发规划纲要——以长吉图为开发开放先导区》于2009年8月30日获国务院批复，按照规划纲要，建设长吉图开发开放先导区，将以珲春为开放窗口、延（吉）龙（井）图（们）为开放前沿，以长春、吉林为主要依托，实施边境地区与腹地联动开发开放，率先突破、率先发展，形成具有较强实力的经济隆起带和对外开放的先行区，辐射带动中部城市群和全省的发展。

"长吉一体化"是长吉图先导区建设的核心内容，也是吉林省统筹推进城镇化战略的首要任务。中部城市群的长春和吉林两个特大城市在规模上远远超过其他城镇，彼此直接存在紧密的社会经济联系。2011年，长吉两市市区总人口为519万人，占全省总人口的19%；国内生产总值之和为4074亿元，占全省的38.5%。

2. 人口及城镇化率

中部城市群目前正处于城市化发展快速推进阶段，2011年总人口2085万人，占全省总人口的76.5%，城镇化率49%。其中，中心城区常住人口842万人，占中部城市群总人口的40.3%。

3. 经济发展

中部城市群自然禀赋优良。该区域耕地资源丰富，土壤肥沃，适合农作物种植，农田防护林体系健全，环境承载能力较强，林业基础好，有着丰富的物种资源，具有适宜发展的自然条件。中部城市群经济基础较好，是我国重要的商品粮基地，是东北老工业基地的重要组成部分，服务业发展较快，经济增长高于全省平均水平。在全省是一个经济社会资源相对聚集区域。2011年中部城市群国内生产总值9780亿元，占全省国内生产总值的92.5%。

4. 主导产业

中部城市群是汽车、石化、农产品加工、战略性新兴产业、现代服务产业基地，以汽车、石化、农产品加工、现代服务业、医药、电子信息、新能源、新材料、冶金、旅游、商贸、文化为主导产业。

(二) 图们江城市群

1. 范围及空间形态

图们江城市群涵盖延边朝鲜族自治州的延吉、珲春、龙井、图们、汪清。图们江城市群位于吉林省东部，长白山北麓，地处中、俄、朝三国交界，是中国东北沟通内外的重要"窗口"，也是东北亚区域经济、人口、地理三个重心的交汇点。区域总面积19240平方公里，占全省总面积的10.3%，其中中心城区建成区面积79平方公里。

为深入实施《全国主体功能区规划》和《中国图们江区域合作开发规划纲要——以长吉图为开发开放先导区》，进一步推动图们江区域国际合作，促进长吉图经济区协调发展，提升我国沿边开发开放水平，2012年4月13日国务院同意在吉林省珲春市设立中国图们江区域（珲春）国际合作示范区。其功能定位为：立足珲春市、依托长吉图、面向东北亚、服务大东北，建设我国面向东北亚合作与开发开放的重要平台，东北亚地区重要的综合交通运输枢纽和商贸物流中心，经济繁荣、环境优美的宜居生态型新城区，发展成为我国东北地区重要的经济增长极和图们江区域合作开发桥头堡。

2. 人口及城镇化率

图们江城市群城镇化水平高，2011年常住人口135万人，占全省总人口的 5.0%；城镇化率 71.2%，远高于省平均值。

3. 经济发展

图们江城市群是吉林省最具发展潜力的战略性空间资源，是吉林省对外开放的门户。《吉林省城镇体系规划（2011～2020 年）》对该区域的发展指出，图们江地区城镇建设的重点应放在区域中心城市和口岸城市，采用外向型的城镇化战略，利用外向型经济加速推动图们江地区的城镇化发展。2011 年，图们江城市群国内生产总值 463 亿元，占全省国内生产总值的 4.4%。

4. 主导产业

图们江城市群是吉林的出口加工基地，主导产业是出口加工、对外贸易、能源矿产、旅游、医药、食品卷烟。

延吉初步形成了以食品为支柱产业，以医药、能源、建材产业为优势的产业结构框架，是一个以工业、商贸、旅游业为主的具有朝鲜族民族特色的边疆开放城市。珲春主导产业是能源矿产、木制品加工、电子信息、纺织服装，并实现了跨境旅游、借港出海。具备了参与大规模国际合作开发的基础和条件，原煤、电力、绿色食品加工、旅游已经构成该市的特色产业。目前，合作区形成了集边境经济合作区、出口加工区、中俄互市贸易区、日本工业园、韩国工业园、俄罗斯工业园和吉港工业园"三区四园"于一体的全新开发开放格局，正努力打造成为中国图们江区域核心区内重要的经济增长极和先行区、示范区。龙井的支柱产业是能源矿产、农副产品加工、制浆造纸。图们的主导产业为浆纸石化、进出口加工、新型建材、商贸、物流、文化旅游等。汪清的主导产业为矿产业、木制品加工、水电风能资源开发、特产品基地化建设及深加工、旅游休闲等。

（三）环长白山城市群

1. 范围及空间形态

环长白山城市群位于吉林省东南部，涵盖抚松、长白、松江河

（池西区）、漫江（池南区）、二道白河（池北区）、临江等城镇。区域土地总面积 15322.5 平方公里，占全省总面积的 8.2%。其中中心城区建成区面积 568 平方公里。

2. 人口、城镇化率及经济发展

2011 年区域常住人口 69.2 万人，城镇化率 65.8%。近年长白山旅游资源保护与开发已进入实质性政府行为阶段，长白山保护开发区管理委员会是长白山旅游资源保护与开发的政府载体。另外，长白山旅游机场的开通，将会极大地促进旅游市场的开发，加速旅游经济的发展。2011 年区域国内生产总值 248.3 亿元，占全省的 2.3%。

3. 主导产业

从发展方向看，环长白山城市群依托长白山具有影响力的旅游服务中心职能，大力发展长白山旅游产业、矿（泉）产品加工、林业产品加工及其下游产业，打造长白山生态品牌，从而提升吉林在全国乃至世界的区域知名度，环长白山城市群将成为吉林对外开放、招商引资、区域竞争的一张"名片"。区域主导产业为林业、煤炭、电力、医药和旅游。抚松的主导产业为生产和加工人参产品、医药、旅游业。长白的主导产业为林业、人参、水电、矿产、医药和旅游。临江的主导产业为林业、人参、林蛙、食用菌、矿产、医药和旅游。松江河的主导产业为商贸、物流、文化旅游等。漫江的支柱产业为文化旅游等。二道白河的主导产业为商贸、文化旅游等。

（四）西部城市群

1. 范围及空间形态

西部城市群指吉林西部的白城，涵盖洮北、镇赉、洮南、通榆、大安。白城市西邻内蒙古，北与黑龙江省隔江相望，为吉林、黑龙江、内蒙古三省区交界之地。现辖一区（洮北区）、两县（通榆县、镇赉县）、两市（洮南市、大安市），市域总面积为 2.58 万平方公里，其中中心城区建成区面积 102.9 平方公里。

2. 人口、城镇化率及经济发展

西部城市群城镇化率较低。2011 年年末全市总人口为 202.54 万人，城镇化率为 41%。西部地区生态环境比较脆弱，从城镇发展现状看，中心城镇规模较小，辐射能力不强，发展战略上宜采用集中城镇化战略，积极发展中心城市，发挥大城市的集聚和辐射带动作用。2011 年西部城市群实现国内生产总值 554.4 亿元，占全省的 5.2%。

3. 主导产业

白城是吉林西部区域的中心城市，为带动区域发展，应积极培育其加工制造业能力，大力发展能源产业，重点建设畜牧业加工生产基地，提升白城的区域服务中心职能，使其快速成长为辐射、带动相邻城市的区域中心城市。

洮北主要依托联通黑、吉、蒙三省区交通优势及本地优势产业，打造以能源、粮食和农产品加工、商贸流通、汽车配件、纺织、生态旅游为主的地区中心城市。洮南主要依托特色农产品产地、畜牧业资源和集散贸易优势，大力发展特色农副产品精深加工和综合利用，打造以纺织、生物制药、农副产品加工、商贸流通业为主的综合性县域中心城市大安主要依托珲乌发展轴线，紧邻嫩江，具有临水建城、依水兴城的优势条件，把体现临江近水特色、彰显秀美宜居优势作为主攻方向，打造能源、石油化工、绿色食品、物流、滨江园林、生态旅游城。通榆是以能源、农副产品深加工、生态旅游和畜牧养殖业为主导产业的县域中心城市。镇赉立足于交通、区位、产业承载能力优势，把镇赉打造成为吉、黑、蒙三省区交界处县域发展的龙头，工业集约集群效应高，带动、辐射、集聚能力强的区域经济发展中心和生态园林宜居城市。

（五）东南部城市群

1. 范围及空间形态

东南部城市群涵盖通化市区和白山，区域土地总面积7199平方公里，占全省总面积的3.8%。其中中心城区建成区面积263平方公里。通化和白山两市市区位于浑江河谷地区，两市城市空间形态均为组团式，通化位于长白山南部的区域交通枢纽位置，是吉林东南部通往丹东、大连、沈阳的门户城市；白山是长白山南麓的重要中心城市。

2. 人口、城镇化率及经济发展

2011年区域常住人口127.9万人，城镇化率68%。2011年区域生产总值602.4亿元，占全省的5.7%。

3. 主导产业

通化市的主导产业特征明显，钢铁、医药、葡萄酒产业均有广阔的发展前景，其中医药产业已初步形成了产业集群；白山的能源、矿产冶金、林产品和绿色食品等已经具备了一定规模和产业基础；通化县承接中心城区工业、仓储、物流等生产用地的转移，在区域服务中占有重要地位，医药产业具有一定规模，将成为区域核心区的辅城。未来，东南部城市群中心城区的主要发展方向如下。

通化中心城区以二道江区、东昌区开发区为契机，建设通化医药—钢铁产业基地，主要发展制药、医药化工、钢铁、冶金等产业部门，发挥长白山区资源优势，发展葡萄酒、有机食品、保健品等特色产业。通化县提升医药产业规模和科技水平，与中心城区形成互动发展的良性产业分工协作机制，构建现代医药产业聚集区。白山中心城区以白山经济开发区、八道江和江源工业集中区为依托，建立白山新材料—医药产业基地，主要发展清洁能源、新材料、生物制药等新兴产业部门，巩固冶金、矿产品加工、木材等传统优势

产业。

三 哈、长城市群间的比较

(一) 经济地位比较突出

哈大齐城市群包括哈尔滨、齐齐哈尔、绥化、牡丹江、大庆、鸡西、双鸭山、鹤岗、七台河等城市。吉林省中部城市群包括长春、吉林、四平、辽源、松原、舒兰、榆树、公主岭、蛟河、九台、德惠、桦甸、磐石等 10 多个城市。哈尔滨城市群以哈尔滨为核心,吉林省中部城市群以长春市为核心,两大城市群在各省的经济地位都比较突出。

哈尔滨和长春两市在各自省的经济地位突出,而且地位差别不大,GDP 均占全省的 1/3 以上,但变化情况稍有不同。2009～2013年,哈尔滨 GDP 占全省比重从 39% 下降到 35%,而长春 GDP 占全省比重变化不大;哈尔滨人均 GDP 与黑龙江全省的比值从 1.48 倍下降到 1.28 倍,而长春人均 GDP 比值从 1.42 倍下降到 1.37 倍,哈尔滨下降幅度大于长春(见表 5-8)。

表 5-8 哈、长两市 GDP 及各占本省 GDP 的比重

单位:%

年份	GDP (亿元)				人均 GDP (元)			
	哈尔滨	占黑龙江比重	长春	占吉林比重	哈尔滨	占黑龙江比重	长春	占吉林比重
2013	5010.8	35	5003.2	39	49565	1.28	64657	1.37
2012	4550.1	33	4456.6	37	45868	1.28	58691	1.35
2011	4243.4	34	4003.0	38	42700	1.30	52649	1.37
2010	3665.9	35	3329.0	38	36961	1.37	43963	1.39
2009	3258.1	39	2848.6	39	32053	1.48	37753	1.42

（二）产业结构趋同

哈大齐城市群和吉林省中部城市群都是东北重要的老工业基地，产业基础较好，主导产业大都相同，以重工业为主，而且产业结构较为接近。哈大齐城市群和吉林省中部城市群的主导产业以装备制造业为主，其中大庆和吉林的石化产业，哈尔滨和长春的汽车产业、食品和医药产业，齐齐哈尔和长春的重型机床产业、轨道交通产业都是当地的主导产业。2012年黑龙江省装备、石化、能源、食品四大主导产业实现产值10429.8亿元，比上年增长12.7%；四大主导产业实现增加值4108.8亿元，比上年增长9.1%，占规模以上工业的86.3%。其中，食品工业增长22.2%、石化工业增长9.3%、装备工业增长9.6%、能源工业增长6.6%。2012年吉林省在全省规模以上工业中，汽车制造产业、石油化工产业、食品产业、信息产业、医药产业、冶金建材产业、能源产业、纺织产业八大重点产业累计实现增加值4356.35亿元，增长14.4%，占吉林省内规模以上工业总量的79.5%，重点产业对全省规模以上工业增长的贡献率达到81.0%。

第三节　哈、长两市比较

一　哈尔滨市概况

（一）经济总量

2013年实现地区生产总值5010.8亿元，比上年增长8.9%。其中，第一产业实现增加值592.6亿元，比上年增长7.5%；第二产业实现增加值1743.9亿元，比上年增长9.0%；第三产业实现增加值2674.3亿元，比上年增长9.0%。三次产业结构由上年的

11.1:36.0:52.9 调整为 11.8:34.8:53.4。第一、第二、第三产业对地区生产总值增长的贡献率分别为 9.0%、39.4% 和 51.6%。人均地区生产总值 49565 元，比上年增长 8.8%。非公有制经济实现增加值 2717.1 亿元，比上年增长 10.2%，占全市地区生产总值比重的 54.2%。下辖 10 个县（市）实现地区生产总值 1780.7 亿元，比上年增长 13.9%，占全市地区生产总值的 35.5%，比上年提高 1.5 个百分点，县域经济对全市经济增长的贡献率为 49.5%。

（二）人口与生活

2013 年年末户籍总人口为 995.2 万人，比上年年末增加 1.7 万人。其中，非农业人口 480.8 万人。在全市人口中，市辖区人口 473.6 万人。全市人口自然增长率为 2.82‰。城市居民家庭年人均可支配收入为 25197.0 元，比上年增长 12.0%；人均消费性支出 18729.3 元，比上年增长 6.3%。农村居民家庭年人均纯收入 10800 元，比上年增长 14.1%；人均生活费支出 7361.1 元，比上年增长 15.4%。

（三）固定资产投资

2013 年完成固定资产投资 5219.9 亿元，比上年增长 32.2%。其中，第一产业完成投资 189.0 亿元，比上年增长 25.9%；第二产业完成投资 1817.0 亿元，比上年增长 41.8%；第三产业完成投资 3213.9 亿元，比上年增长 27.6%。国有及国有控股经济完成投资 1790.4 亿元，非国有经济完成投资 3429.5 亿元。其中，民间投资完成 3337.9 亿元，比上年增长 42.9%，占全市固定资产投资比重的 63.9%。工业投资完成 1688.0 亿元，比上年增长 37.6%，占全市固定资产投资比重的 32.3%，其中制造业完成投资 1536.3 亿元，占工业投资的 91.0%。城市基础设施建设完成投资 990.1 亿元，比上年增长 14.8%，其中水利、环境和公共设施管理业占 38.1%，电力、燃气及水的生产和供应业占 12.1%，交通运输、仓储和邮政业占 17.1%。全年新增固定资产 3233.1 亿元，固定资产交付使用率 61.9%。全年房地产开发完成投资 849.7 亿元，比上年增长 10.1%，占全市固定资产投资的比重为 16.3%。其中，商品住宅投资 581.8 亿元，比上年增长 9.8%；办公楼投资 23.3 亿元，比上年增长 10.8%；商业营业用房投资 148.5 亿元，比上年增长 22.8%。

（四）产业基础

1. 装备制造业

依托哈尔滨南部工业新城——哈尔滨航空汽车产业城建设，建设国内最大、国际知名的民用直升机、通用飞机研发制造和营销维修基地，航空复合材料结构件、航空传动系统研制生产基地。重点发展电站成套设备、新能源装备、新型农业机械、机床功能部件等产品。进一步强化和提升汽车产业竞争力，以产品升级换代和开发节能技术为核心，重点开发生产轻型车、小排量和新能源汽车，大力发展价值链上游汽车零部件产业，实现零部件企业的专业化、规模化和精细化。

2. 食品工业

实施大企业带动、产业集群发展和品牌战略。扩大规模、资源整合、技术改造和科技创新，实现由资源拉动型向技术带动型转变，由传统产品向营养、安全、方便、绿色、有机及多样化、工业化产品转变，带动农业产业化和农产品基地建设。重点发展啤酒、大豆加工、肉类食品、乳制品、粮食加工、饮料等食品加工业。

3. 医药工业

巩固和提高化学医药产业优势地位，大力发展现代中药，积极培育生物制药等产业。完善药品检验检测中心，提升检验检测质量，保障药品安全，促进医药产业健康发展。重点在基因工程药物、现代中药、抗生素、化学原料药领域实现突破。建立和完善新药研究院、动物用生物制品国家工程研究中心、抗生素研究中心、现代中药研究中心等研发体系。

4. 化工工业

延伸产业链，围绕产业规模化、高新化、精细化，发展精品油基地及有机化工原料产业链，形成国内领先水平的苯酚丙酮、苯酐等生产基地。发展煤制烯烃化工产业及下游产业链。大力推进石油化工、煤化工融合发展，提升高端石化产品规模和水平。

（五）城镇体系格局

以哈尔滨市区为中心，以尚志、巴彦、方正、通河、五常为次中心，以县域中心城镇为支点，形成空间分工明确、产业特色突出的现代化城镇规模等级结构。加快构建哈佳中段次中心城市，带动哈佳中部地区城镇化。依托宾西经济技术开发区发展，加快将哈东新城建设成工业新城、科技新城、商贸新城、旅游新城、宜居新城，推动哈尔滨城市空间沿江东向拓展。整合巴彦兴隆镇和兴隆林业局、五常山河镇和山河林业局，推动"局镇共建"，带动五常、巴彦和呼兰北部地区城乡一体化发展。实施"百镇提档升级、二十镇试点引领、六镇示范样板工程"，积极打造一批带动能力较大、辐射力较强、各具特色的"工业强镇""商贸大镇""交通枢纽重镇""旅游名镇""文化古镇"，加快形成特色突出、设施良好、功能完备、环境优美的小城镇群体。

二 长春市概况

（一）经济总量

2013 年实现地区生产总值 5003.2 亿元，比上年增长 8.3%。其中，第一产业增加值 332.0 亿元，比上年增长 3.5%；第二产业增加值 2658.7 亿元，比上年增长 9.4%；第三产业增加值 2012.5 亿元，比上年增长 7.8%。三次产业结构为 6.7∶53.1∶40.2。对经济增长的贡献率分别为 2.7%、59.5%、37.8%。人均生产总值达到 66286元，比上年增长 8.3%。

（二）人口与生活

2013 年年末，全市户籍总人口为 752.7 万人。其中，市区人口363.8 万人，4 个县（市）人口 388.9 万人。全市人口出生率为9.17‰。2013 年，城市居民人均可支配收入达到 26034 元，比上年增长 13.3%；人均消费性支出 21929 元，比上年增长 28.8%；农村居民人均纯收入 10060 元，比上年增长 11.0%；2012 年城市恩格尔系数为 29.6%，农村恩格尔系数为 38.5%。

（三）固定资产投资

2013 年完成全社会固定资产投资总额 3408.4 亿元，比上年增长20%。其中：房地产开发投资 613.6 亿元，下降 5.6%。新增固定资产 2572.3 亿元，固定资产交付使用率为 77.4%，比上年提高 2 个百分点。房屋面积竣工率为 26.6%，比上年下降 1.9 个百分点。从各产业完成投资情况看，第一产业投资 38.3 亿元，比上年增长18.5%；第二产业投资 1580.5 亿元，比上年增长 20%；第三产业投资 1705.7 亿元，比上年增长 19.9%。从投资主体看，国有经济投资981.7 亿元，比上年增长 36.4%；非国有经济投资 2342.8 亿元，比上年增长 14.2%，占全社会固定资产投资比重的 70.5%。全市工业投资 1550 亿元，比上年增长 19%，对全社会投资增长的贡献率达67.9%。民间投资 2238.3 亿元，比上年增长 18.1%。

（四）产业基础

1. 建设世界级汽车产业基地

依托一汽集团，调整产品结构，打造自主品牌，提升核心竞争力，力争年生产各类汽车达到 300 万辆左右，其中自主品牌和新能源汽车 100 万辆；提高汽车产业地方配套率，汽车配套所占比重达到 50%，构建国内最强、世界先进的汽车研发平台和零部件研制体系，建设世界级汽车产业基地，打造长春国际汽车城。以研制多能源动力总成系统、驱动电机、动力电池为突破口，重点发展混合动力汽车、纯电动汽车和燃料电池汽车。

2. 建设世界级农产品加工产业基地

依托丰富的农业资源，延伸产业链，重点建设玉米等十大加工体系，培育第二个双千亿元级支柱产业，建设世界级玉米化工及农产品加工产业基地，打造绿色食品城。以提高玉米深加工和玉米秸秆加工科技含量为突破口，依托大成集团，重点发展淀粉糖、结晶糖、化工醇、赖氨酸、有机酸等新型化工原料，带动精细化工等下游产品发展，着力打造玉米加工产业园。以延长产业链条、提高附加值为突破口，依托皓月、德大、华正等企业，着力建设皓月特色产业园等农产品加工产业园区，重点发展肉鸡、肉牛、生猪、兔、鹅、鹿等畜牧产品屠宰和深加工。以有机、绿色、环保、品牌、精深为突破口，重点开发精制大米、鲜净蔬菜、奶制品、优质酒水、饮料等产品。

3. 建设世界级轨道客车产业基地

依托北车集团长春轨道客车股份公司和长春轨道客车装备公司，强化技术创新和产品升级，加大轨道客车研发力度，确保领先优势，稳定市场占有率，建成世界级双千辆轨道客车生产和研发基地。以提升高速动车、城市轨道客车研发技术为突破口，重点发展高速铁路客车、电气化铁路客车、新型地铁客车、城市轨道客车、出口专用客车，巩固整车研发和生产在全国的领先地位。

4. 建设国家级战略性新兴产业基地

以推动产业规模化、高端化、国际化为目标，着力发展以光电信息、生物和医药、新能源、新材料、先进装备制造业为代表的战略性新兴产业，加快建设国家级战略性新兴产业基地。以建设国家光电子产业基地为依托，重点发展光电子、汽车电子、软件和动漫产业，逐步打造并形成光电显示产业链、激光制造和加工产业链、光电装备制造产业链和汽车电子产业群。以建设国家生物产业基地为依托，重点发展生物医药、生物制造、生物能源和生物农业。

（五）城镇体系格局

长春市城镇空间组织体系：按照"一城、一区、十组团、九城镇"四个层次，实施分类指导。"一城"为主城，"一区"为双阳城区，"十组团"为净月组团、富锋组团、兴隆组团、合心组团、劝农山组团、奢岭组团、双营组团、英俊组团、机场服务组团、兰家组团，"九城镇"分别为泉眼镇、永春镇、乐山镇、新湖镇、山河镇、太平镇、鹿乡镇、四家乡、齐家镇。城市结构：形成"双心、两翼、多组团"的城市空间结构。"双心"指疏解城市中心区部分职能，形成中部和南部两处城市中心。调整中部城市中心职能，重点发展商贸、文化、娱乐等传统服务业；建设南部新中心，引导与支持行政办公、文化体育设施以及金融保险、电子商务等现代服务业在南部中心相对集聚。"两翼"指城市西南翼形成以汽车、高新技术产业为核心的城市发展空间，东北翼形成以传统产业和玉米加工业为核心的城市发展空间；"多组团"指重点加强净月组团、富锋组团、兴隆组团的建设，与主城共同构成联系紧密、分工有序、协调发展的城市空间。

三 哈、长两市比较

(一) 哈、长两市在全国 15 个副省级城市中均处于下游

哈尔滨和长春两个城市的经济发展水平在全国 15 个副省级城市中处于下游，而且情况不容乐观。从主要经济指标看，哈、长两市在 15 个副省级城市中位次都基本靠后，排在第 12、第 13 附近的位置，其中城镇人均可支配收入排名位居最后两位。2012 年和 2013 年，哈尔滨的地区生产总值增速、第二产业增加值、农民人均纯收入在 15 个副省级城市排名中有所下降；长春地区生产总值增速、固定资产投资在 15 个副省级城市中的排名也有下降趋势。哈尔滨的人均地区生产总值、城镇居民可支配收入在 15 个副省级城市中位居最后一名；长春地方财政收入、实际利用外资在 15 个副省级城市中也是最后一名（见表 5-9）。

表 5-9 2012 年和 2013 年哈、长两市在全国 15 个副省级城市中位次

指标	2013 年		2012 年	
	哈尔滨	长春	哈尔滨	长春
地区生产总值	12	13	12	13
地区生产总值增速	11	13	10	3
人均地区生产总值	15	12	15	12
第二产业增加值	14	11	11	14
第三产业增加值	12	14	12	14
规模以上工业增加值	15	11	15	11
固定资产投资	5	12	8	11
地方财政收入	14	15	14	15
实际利用外资	12	15	13	15
城镇居民可支配收入	15	14	15	14
农民人均纯收入	13	14	10	14

（二）哈尔滨的总体经济发展水平滞后于长春

2009～2013年，哈尔滨地区生产总值绝对数值总体水平高于长春，但长春与其之间的差值在逐年缩小，而且就人均地区生产总值的绝对数来看，哈尔滨又一直低于长春。2009～2013年，哈尔滨的地区生产总值与长春市的比例从1.144下降到1.001；哈尔滨的人均地区生产总值与长春市的比例从0.849下降到0.766。

（三）工业经济发展水平长春较快

2013年，长春第二产业增加值为2658.7亿元，哈尔滨为1743.9亿元，长春比哈尔滨多出914.8亿元；长春第二产业增加值占地区生产总值比重为53.1%，而哈尔滨的比重为34.8%，长春比哈尔滨高出18.3个百分点。长春规模以上工业增加值为2103.3亿元，哈尔滨为767.1亿元，数值长春比哈尔滨多出1336.2亿元，而长春规模以上工业增加值占地区生产总值比重为42.0%，哈尔滨的比重为15.3%，长春比哈尔滨高出26.7个百分点（见表5-10）。

（四）第三产业增加值哈尔滨高于长春

2013年，哈尔滨的第三产业增加值为2674.3亿元，长春为2012.5亿元，哈尔滨比长春多661.8亿元；哈尔滨第三产业增加值占地区生产总值比重的53.4%，长春市比重为40.2%，其比值比长春高出13.2个百分点。哈尔滨的民营经济增加值为2717.1亿元，长春为2250.0亿元，数值比长春多467.1亿元；哈尔滨民营经济增加值占地区生产总值比重的54.2%，长春的比重为45.0%，哈尔滨高出长春9.2个百分点。

表 5 - 10   2013 年哈、长两市主要经济指标

项目	哈尔滨	长春
地区生产总值（亿元）	5010.8	5003.2
人均地区生产总值（元）	49565.0	66286.0
第一产业增加值（亿元）	592.6	332.0
第二产业增加值（亿元）	1743.9	2658.7
第三产业增加值（亿元）	2674.3	2012.5
规模以上工业增加值（亿元）	767.1	2103.3
全社会固定资产投资（亿元）	5219.9	3408.4
社会消费品零售总额（亿元）	2728.3	1970.0
地方财政收入（亿元）	402.3	381.8
金融机构存款余额（亿元）	8488.2	7808.3
金融机构贷款余额（亿元）	6275.9	6453.3
进出口总额（亿美元）	65.4	204.0
实际利用外资（亿美元）	22.6	9.4
民营经济增加值（亿元）	2717.1	2250.0
民营经济增加值占 GDP 比重（%）	54.2	45.0

（五）哈尔滨主要居民生活指数低于长春

从主要居民生活水平指标来看，哈尔滨城市在岗职工平均工资、城镇居民人均住房面积、农村人均居住面积、基本养老保险参保人数、千人公交车实有量、千人私人汽车拥有量、城镇居民可支配收入、城市人均绿地面积等指标方面都不及长春（见表 5 - 11）。

表 5 - 11   2013 年哈、长两市居民生活主要指数

项目	哈尔滨	长春
城市在岗职工平均工资（元）	47209.00	51564.00
城镇居民人均住房面积（平方米）	24.50	29.20

续表

项目	哈尔滨	长春
农村人均居住面积（平方米）	25.20	25.80
基本养老保险参保人数（万人）	119.60	177.78
千人公交车实有量（辆）	0.55	0.56
千人私人汽车拥有量（辆）	70.46	93.28
城镇居民可支配收入（元）	25197.00	26033.90
农民人均纯收入（元）	10800.00	10060.00
城市居民人均消费支出（元）	18729.00	21928.00
城市人均绿地面积（平方米）	10.00	16.90
城市建成区绿化覆盖率（%）	37.00	41.50

第六章　哈长城市群整合发展路径

第一节　哈长城市群整合发展的意义与主要内容

一　整合发展的意义

《国家新型城镇化规划（2014～2020年）》表明，未来我国城市群发展将会按照"两横三纵"城镇化战略格局进行发展，在《规划》中，除东部地区的京津冀、长江三角洲和珠江三角洲三大城市群，毫无争议地成为未来重点发展的城市群外，成渝、中原、长江中游、哈长四大城市群也被列为中西部地区重点培育的城市群。哈长城市群列入国家重点建设的城市群，对振兴东北老工业基地具有重要意义。

（一）哈长城市群具备的优势

哈长城市群列入国家重点建设的城市群，可以说是恰逢其时，长春和哈尔滨两座城市本身就具备许多优势和条件。首先，哈长城市群具有交通优势。哈尔滨、长春两地交通便捷，乘火车不到2个小时就可以到达，两个区域相连紧密。其次，两地都在推进自己的中心区域城市化建设。吉林省建设了中部城市群，像长春、吉林、松原、四平、辽源、梅河口等城市，都处在哈大线上，而长春是有向心作用的；黑龙江也在推进"哈尔滨—大庆—齐齐哈尔"城市群建设。哈长城市群的推进，可以减少城市间产业重复建设、产能过剩和恶性竞争。从长远看，随着长春、哈尔滨经济实力的增强，以及先天的地缘优势，逐渐演变成双子城格局，会达到资源共享、人才互换、资金互助的目标，也可以为产业的就近拓展和梯度转移获取广阔空间，节省投资成本，降低投资风险，促进地区产业链的快速整合，提升城市群产业体系核心竞争力。

（二）带动黑吉两省快速发展

城镇化的最高阶段是城市群，城市群建设是跨行政区域的，它按照一个经济区域和城市的发展规律，来设定一个城市未来发展的空间战略和空间结构。哈长城市群上升到国家级战略层面，标志着黑龙江省和吉林省的城镇化发展到一个新的阶段，是国家对东北地区新型城镇化建设的重视使然，对黑吉两省内其他城市群建设也将起到更大的带动作用。

哈长城市群的建设能在社会保障、公共交通、现代服务等多方面带来更多的方便与实惠，国家也会对这个重点区域的发展给予一定的政策倾斜，给予更大力度的支持。同时，哈长城市群的建设将使吉林、黑龙江两省的吸引力增强、知名度提升，也会加快招商引资和内部资源要素的集聚。

（三）城市对接提升两地发展

哈长两地都有自己的中心城市圈，两地对接包括战略层面、产业层面、城市规划层面等方面问题，未来的吉林省要做到南边有四平，中间有长春，北部向扶余延伸，这样才能将区域中心城打造出来。黑龙江的"哈—大—齐"工业走廊也要向牡丹江延伸，形成"哈—大—齐—牡"，将哈尔滨和牡丹江拉近。例如长春的空港开发区、兴隆保税区等都是区域性开放平台，长春市已具有对周边地区的带动能力。大都市仅仅突出工业是不行的，必须要突出服务业，越是中心城市，它的服务业就做得越成功。哈尔滨和长春现在处于工业和现代服务业双轮驱动阶段，未来会进一步加强信息工业、现代服务业、文化创意产业、科技教育医疗以及生态旅游业等，只有靠产业来提升城市发展，才能把城市的吸引力做大做强。

二　整合发展的主要目标

根据《国家新型城镇化规划（2014～2020年）》，目前哈长城市群发展的目标是加快培育哈长城市群，使之成为推动国土空间均衡开发、引领区域经济发展的重要增长极。加大对内对外开放力度，有序承接国际及沿海地区产业转移，依托优势资源发展特色产业，加快新型工业化进程，壮大现代产业体系，完善基础设施网络，建成功能完备、布局合理的城镇体系，强化城市分工合作，提升中心城市辐射带动能力，形成经济充满活力、生活品质优良、生态环境优美的新型城市群。依托陆桥通道上的城市群和节点城市，构建丝绸之路经济带，推动形成与中亚乃至整个欧亚大陆的区域大合作。

三　整合发展的主要内容

未来哈长城市群的培育和发展还需要进行整合，包括对城市竞争力整合、产业整合、城市体系整合、城市空间整合、城乡生态环境的整合。哈长两市都是省的中心城市，哈长城市群的整合要围绕战略层面、产业层面、城市规划层面等方面展开。

（一）城市竞争力整合

经济全球化和区域一体化的载体是城市，城市的繁荣与否对于一个国家和地区乃至全球经济的盛衰有着重大意义。经济全球化和区域一体化的浪潮使国家之间的竞争转向区域之间、城市群之间、城市之间。城市群的优势和劣势、互动和互补、分工与合作、无不与城市竞争力紧密相连。伴随着城市之间的竞争与协作,城市群凭借巨大的发展空间,在国家经济增长中起到战略平台的作用,其协调发展日益受到重视。强化城市群内部城市之间的相互协作,完善合作竞争机制,从而在提升各个城市竞争力的同时促进城市群协调发展,进而提升城市群的整体竞争力。从我国目前的城镇化进程来看,我国区域之间的合作与竞争突出表现为各个城市群内部各城市层面的合作与竞争。

因此加强哈长城市群内部各城市竞争力的整合建设,有利于实现城市之间的优势互补和良性竞争,有利于城市群整体参与国内外的竞争与合作,有利于进一步发挥城市群的整体优势。

(二)产业整合

目前,在我国城市群经济发展过程中,地区经济竞争的内耗问题较为突出,城市群内部各城市强化其行政职能,各自为政,出现了内部重复建设和产业结构趋同的现象,通过行政壁垒排斥外地产品和服务,造成不平等竞争,城市群内部各城市定位不明确,基础设施建设缺乏整体意识,致使城市群内部基础设施布局不协调。这种整体功能"1+1<2"、资源的大量损耗使整体实力降低,城市群内部的低效博弈大大阻碍了我国城市群整体竞争力的提升。在哈长城市群内部,也存在产业结构趋同的现象,严重地影响了区域经济的发展,为此需要进行哈长城市群产业整合,实现经济资源优势互补,在新一轮东北老工业基地振兴中发挥重要作用。

(三)城市体系整合

城市体系是一定地域范围内,不同等级、规模、职能的城市依托交通网络组成的一个相互制约、相互依赖的统一体。哈长城市群与我国其他三大城市群的差距，除了历史、经济因素外，其在城市体系结构和功能上的差距也是存在的。城市体系内部结构不合理，缺乏合理的城市分工，城市性质、功能大体相似，城市职能同构性强而互补性差，相互联系不够紧密，尚未形成有序化、网络化城市体系结构，必然导致哈长城市群地区城市整体功能降低，发展也相对缓慢。为此，需要对区域城市体系进行整合，完善和调整该区域城市体系的层次结构和功能，以实现城市群的整体发展。形成功能互补、职能明确、类型完备的区域城市体系结构，促进哈长城市群的整体发展，带动黑吉两省经济发展。

（四）空间整合

城市群地区的城市空间布局结构是城市在区域空间上的投影，也是区域自然、经济社会条件空间分布的表现形式。从我国城市的空间格局来看，城市群的发展是空间不均衡发展，城市群空间整合是我国城镇化过程中的必须解决的重大战略问题。通过城市群空间整合，将城市群空间发展的潜在优势转化为竞争优势，引导城市群在空间上协调有序发展，具有十分重要的理论和实践价值。城市群空间整合一般是从空间的视角来考虑城市群发展的战略性问题，在对空间发展现状的基础上，分析空间发展的潜力及其局限性，明确提出空间未来发展的趋势和总体构架并进行整合。哈长城市群空间整合的方向应是优先放手发展大城市，带动区域内大中城市、小城市和小城镇的发展，发挥小城市和小城镇的节点功能，进而带动农村发展。

（五）城乡生态环境整合

在经济社会快速发展时期，发展的目标往往集中于工程结构、经济过程及社会功效，而忽视生态资源的流失和生态服务功能的退化。哈长城市群是地处东北老工业基地，国有中大型企业较多，其产品结构较单一、技术装备落后、管理体制僵化、企业活力低下，很难适应当前市场经济发展的要求。而且重化工业较多、技术装备落后、物耗能耗大、环境污染严重、对生态的破坏显著。在经济总量快速增长的同时，处理好城乡生态和高污染产业的关系，处理好可持续发展和经济增长的关系，对哈长城市群的发展意义重大。因此，走新型工业化道路，发展循环经济，对城乡生态环境进行科学整合，探索实现经济社会与生态环境整体协调发展的现代化之路，是哈长城市群十分迫切的重要任务。

第二节　哈长城市群竞争力整合

一　城市竞争力整合发展的重要性

"整合"一词来自地质学，现已被广泛应用于社会、文化、经济等领域的研究。城市群经济整合是指在城市群经济发展过程中，为提高产业集约化程度、扩大经营规模，达到有效配置经济资源和实现城市群内部优势互补，增强经济竞争力，而对其经济的组织结构、产业组织、发展模式、经济资源利用等进行战略性重组和调整的过程。它不仅是被整合者的相互协调，还包括磨合、调控、约束甚至限制。经济全球化程度日益加深，使得经济要素的空间扩散在全球范围内进行，导致新的国际劳动地域分工的形成，产业的升级和重组以及空间转移是必然趋势。

随着工业化、城市化进程的加速，特别是全球经济一体化进程向纵深推进，城市群竞争成为国际经济竞争的重要表现形式。建设强大的城市群已成为经济全球化背景下提升我国国际竞争力的关键所在，也是构筑我国新一轮财富集聚战略平台的迫切需要。在经济全球化、区域经济一体化发展背景下，城市群竞争成为国际经济竞争的重要表现形式，其竞争力的强弱常常取决于城市群的资源聚集与整合能力，城市群竞争也是城市群经济整合能力的竞争。在中国经济快速发展的同时已经形成了诸如长江三角洲、珠江三角洲、京津冀等经济地区，也是城市化水平最高、最具有竞争力的城市群。相对上述发达的城市群，哈长城市群的发展相对较慢。当前，正值新一轮振兴东北老工业基地时期，加快城市群竞争力的整合，对带动黑吉两省经济发展，推动四化协调发展，具有重要意义。通过经济整合加强哈长城市群内部的横向联系，寻求哈长城市群经济整合机制及模式，打破群内分割、有效配置经济要素、共享基础设施是哈长城市群发展的内在要求。如何获得城市群高效持续发展也就成了哈长城市群发展面临的现实而重大的问题。

二　城市竞争力整合发展的策略

由于历史和现实的原因，哈长城市群 9 个地级市和 19 个县级市（县）的城市竞争力并不强，城市化进程缓慢，从而导致城市竞争力水平较弱，哈尔滨和长春在全国城市竞争力的排名靠后，其辐射带动能力不强，对区域经济的牵引较弱，急需城市竞争力的整合发展。城市群体化是当今世界发展的一个趋势，在哈长城市群内，由一个或几个大型或特大型中心城市引领若干个不同等级、不同规模的城市构成城市群体，以增强综合承载能力为重点，以特大城市为依托，形成辐射作用大的城市群，培育新的经济增长极。

（一）提升哈长两市的综合竞争力

在《中国城市竞争力报告（No.13）》（倪鹏飞，2015）中沈阳、长春、哈尔滨三市分别排名第 23 位、第 43 位、第 53 位。与国内长三角、珠三角、京津冀等城市群地区主要中心城市相比，哈尔滨和长春市的城市综合竞争力还不强，从而导致哈长城市群处于弱的综合竞争力。

利用客观数据和相关统计方法，中国城市竞争力课题组对200个城市进行计量研究。在城市竞争力表现指标中，增长指数反映城市一定时期内 GDP 的综合增长，经过修正的规模指数可以更准确地反映城市综合市场占有率，效率指数反映城市的综合生产率，效益指数反映城市综合环境资源成本节约情况，质量指数反映城市综合收入水平，就业指数反映综合就业机会，结构指数反映城市高科技和现代生产性服务业的比例。

哈长两市还需要进一步转换政府职能，提高服务能力，重点在居住、交通等城市基础设施的建设上下功夫，加大城市对人才和资本吸引度。同时，还应重视对本地人才和企业教育培养，引进竞争机制，提高经济效益，为城市整体竞争力的提高提供充足的养分。

（二）组建发挥竞争优势的城镇联合体

哈长城市群共有9个地级市，19个县级市（县），众多的建制镇，在加快哈大齐城市群和吉林省中部城市群建设的同时，应积极进行行政区划的改革，实现组团式发展，目前哈尔滨和长春已进行了行政区划的调整，为哈长城市群提高竞争优势联合发展奠定了基础。

目前，黑龙江省政府网站正式公布了《黑龙江省人民政府转发国务院关于同意黑龙江省调整哈尔滨市部分行政区划批复的通知》。这份文件显示，撤销双城市，设立哈尔滨市双城区，以原双城市的行政区域为双城区的行政区域。批复要求，要严格执行中央关于厉行节约的规定和国家土地管理法规政策，加大区域资源整合力度，优化总体布局，促进区域经济社会协调健康发展。这个"第九区"的设立进一步拉近了哈尔滨与长春的市区距离。

双城是黑龙江省的"南大门"、哈尔滨的卫星城，地处哈尔滨半小时经济圈之内,其周家、新兴两个镇(总面积 133.3 平方公里)及 18.7 平方公里土地已经分别纳入哈南工业新城总体规划和哈尔滨空港经济区规划,在经济发展布局上形成了与哈尔滨市的一体化。同时,双城市路网四通八达,有三条铁路、两条高速公路、两条国道、两条省道通往哈尔滨城区。哈尔滨太平国际机场紧邻双城,松花江流经双城并设有船站,哈尔滨市地铁 1 号线规划至双城市新兴镇,形成了水、陆、空立体交通网络。

将双城"撤市设区",有利于拓展哈尔滨城区发展空间,获得更多的土地、劳动力和市场资源,打造资源集聚、产业转移、公共服务、物流集散的新平台,增强城市承接力;有利于哈尔滨在更大范围内进行结构调整,优化生产力布局,迅速放大经济总量,增强中心城市的集聚、辐射和带动功能;有利于促进产业升级和结构调整,促进哈尔滨与双城及周边地区之间生产要素的融合互补,进一步完善城市产业体系,优化经济结构,增强城市核心竞争力;有利于哈尔滨在优化城市群的基础上,逐步打造更具国际竞争力的大城市,壮大以哈尔滨为中心的都市圈经济。将双城"撤市设区",使其成为哈尔滨的副中心城区,可以进一步完善哈尔滨城市布局,统一规划、融合发展,走生态城市建设的城市化道路。同时,通过调整中心城市布局,降低人口和建筑密度,完善公共设施体系,可以有效提高城市环境和文化品位,构筑新的城市中心,在增加城市发展空间、提升环境质量、优化城市整体功能方面起到积极作用,实现把哈尔滨建设成现代化大城市的目标,更好地发挥引领全省发展的龙头带动作用。

2014 年 10 月,国务院批复了吉林省人民政府关于撤销九台市设立长春市九台区的请示。九台位于吉林省中部,长春东北部,西距长春 50 公里,东离吉林市 70 公里。这一"撤市改区"的行政区域划分,将使得长春楼市版图继高新北区之后,再向东北区域外扩。

这是自 1995 年双阳撤县设区后，长春行政区划的又一次重大调整。九台撤市设区后，除执行市辖区管理体制外，现行财政体制和相应管理权限保持不变，继续享受原有的各项政策。

双城并入哈尔滨市区，九台并入长春市区，使哈长城市群的两个核心城市距离拉近，从空间距离上看，成为哈尔滨市区的双城距离长春市区只有 220 公里，其间与吉林省的扶余和德惠相隔，这两个市正在逐渐成为长春的卫星城。国道 102、京哈高速和哈大高铁，已经把哈尔滨到长春之间的地理空间连成了一个城市群。哈尔滨和长春之间形成一个城市群落，对于未来东北亚区域一体化发展来说，成为中国在该区域中举重若轻的角色。

（三）以优化产业结构整合城市群经济竞争力

工业化是哈长城市群发展的基本动力，产业合作是整合哈长城市群经济竞争力之根本。哈长城市群地处东北老工业基地，都面临产业结构的优化、效益的提高来保持经济的持续快速发展。走新型工业化道路，发展高新技术产业，加快推进工业化，用高新技术和先进适用的技术改造提升传统产业。促进资源主导产业向技术、资金和劳动密集型产业协调发展转变，由中间产品向以终端产业和消费产品为主转变。大幅度提高高新技术产业增加值的比重，全面提升城市的经济竞争力。

重点培育支柱产业，大力发展汽车、化工、农产品加工、装备制造业，发挥重型机械与成套设备制造业的优势，促进技术产业升级，增强市场竞争力；汽车工业要在技术改造的基础上，扩大规模，形成汽车产业整车和零部件产业集群；依托资源优势，在中小城镇抓好粮食和优势农产品的精深加工。优化产业布局，促进产业转型升级，全面提升工业竞争力，建成我国重要的先进制造业基地。优化农业结构，推进农业现代化建设，大力发展服务业，充分发挥区位优势，积极发展现代物流业，大力发展旅游业。

三 整合城市竞争力资源

（一）加强基础设施对城市竞争力的支撑

基础设施体系的一体化和共享是城市效率的重要来源，城市群内各城市之间的基础设施体系优化布局也是城市群效率的重要内容，所以基础设施体系构成是城市群竞争力整合的必然要求。加强哈长城市群的内外交通联系，构建航空、高速公路、高速铁路、城市轻轨等高效、快速综合交通运输体系，完善综合运输大通道，进一步加强区位优势，打通哈长城市群通道，增强哈长城市群内各城市的竞争力。在现有高速公路的基础上，完成升级改造，实现哈长城市群区域内各县和重点旅游区通上高速公路。完善城市供水设施、提高管网供水普及率。加快城市污水和垃圾处理建设，县城以上城市应建设污水处理厂和垃圾处理厂。

（二）加快对外开放，吸纳城市竞争力资源

坚持改革开放，面向国际、国内两个市场，构建面向东北亚的区域合作平台。积极吸纳资源，加快招商引资，提高利用外资的水平，实现具有竞争力的开放型经济区。发挥哈长城市群自身的产业优势，利用投资成本低、交通便利、市场辐射范围广的优势，依托哈尔滨工业大学、吉林大学、东北师范大学等人力资源丰富的比较优势，加大招商引资力度，健全招商引资激励机制，努力形成吸引国外和国内产业转移的优良产业环境、政策环境、法律环境。拓展利用外资领域，加大商业、金融、保险、旅游、中介服务等领域。

哈尔滨正在加速搭建对俄贸易大平台。在"对俄经贸合作"的时代里，这座城市希望其角色定位不仅是中国的"对俄"关口，更是对俄罗斯开放合作的服务中心，并由此成为带动全省、服务全国、

辐射俄罗斯及东北亚经贸合作的中心城市和桥头堡。申建哈尔滨综合保税区，无疑是哈尔滨筹划打出经贸"对俄牌"中最重要的一张。结合哈尔滨对俄区位优势及产业发展基础，大力发展高附加值的保税加工产业以及保税物流和保税服务等，重点布局航空装备制造、食品加工、现代物流以及在保税服务相关的服务贸易产业。

不久的将来，企业根据需要，可以自主选择在东北及内蒙古四省区范围内任意一海关、检验检疫机构办理报关、报检等相关手续，充分体验区域通关一体化"秒时代"带来的便利。东北及内蒙古地区"六关四检"在大连签署《东北及内蒙古地区关检共同支持东北振兴合作协议》，东北及内蒙古地区关检合作加速驶入"快车道"。此次签署协议的"六关四检"包括呼和浩特、满洲里、大连、沈阳、长春、哈尔滨六个海关和内蒙古、辽宁、吉林、黑龙江四个省区出入境检验检疫局。

四省区关检合作成效凸显。辽宁在大窑湾口岸和沈阳开发区实现了关检"一次申报、一次查验、一次放行"；黑龙江、吉林在绥芬河和长春实现了"一次申报"；吉林珲春圈河口岸实现了对进口车辆海关、检验检疫、边防三家联合查验；绥芬河关检联合开展关检执法协作试点，实行"一起到场、一次开箱"联合执法，共同查验；辽宁、吉林实现了进出口货物的省内直通放行，实现了检验检疫通关单的跨关区认可、通用，极大地提高了通关效率。

第三节　哈长城市群产业整合发展

一　产业整合发展的可行性

区域之间的经济发展水平和经济体制对城市群产业整合具有重要影响。经济发展水平影响了区域之间的利益分配，经济体制影响了区域产业整合的体制环境，经济发展水平相近和经济体制相似使得区域之间在产业整合中的矛盾与摩擦较少，从而有利于区域经济的整合。哈长城市群依赖重工业，产业结构较接近，各个区域经济发展水平和区域差异较小，产业整合具有较好的条件。

二 产业地域系统的整合

（一）汽车整车和零部件制造业

在东北城市汽车整车和零部件制造业当中，汽车整车制造主要集中分布在长春、沈阳、哈尔滨，整车生产能力当属中国第一汽车集团、沈阳华晨金杯汽车有限公司、哈飞汽车工业公司；汽车零部件制造主要集中分布在长春汽车产业开发区、长春高新技术开发区、沈阳铁西区汽车零部件产业基地、哈尔滨平房汽车零部件产业园区和大连金州开发区汽车电子工业园。

长春有汽车城之称，目前长春市汽车产业开发区、长春高新技术开发区共有汽车零部件生产企业近 400 家，但总体规模较小，其中规模较大的企业有吉林东光集团、长春富奥－江森自控汽车饰件系统有限公司、德尔福派克电气系统有限公司长春分公司、福耀集团长春有限公司、大陆汽车电子（长春）有限公司和一汽大众、一汽富维。2013 年长春市一汽大众整车产能突破 150 万辆，形成了长春、成都、佛山整车产能格局，同时稳步推进动力总成、新产品项目，力争到 2015 年，建成产销 180 万辆的整车产能体系。

长春汽车经济技术开发区的支柱产业是汽车，产业优势集中体现在四个方面。一是整车产能优势明显，汽开区是长春市汽车产业核心区域，一汽解放、一汽大众、一汽丰越等一汽集团的全资和控股整车制造企业坐落于此，区内已经形成了"中、重、轿"三大系列多个车型的产品格局，"十二五"期间，长春汽车产量将实现 300 万辆整车产能，区内汽车产业规模约占长春市的 80%。二是汽车零部件制造基础雄厚，区内有汽车零部件企业 300 余户，有一汽富维、杰克赛尔空调、一汽铸造、一汽锻造、一汽模具中心等一批在国内较有影响的汽车零部件企业，形成了一定规模的配套体系和在国内具有一定竞争优势的零部件制造企业集群。三是汽车科研能力较强，全力支持企业研发平台建设，区内新增2家省级企业技术中心，目前汽车研发平台北方凯达研发公司已经具备了较强研发实力，并在新能源技术领域取得了较大突破。四是汽车后市场建设发展较快。以整车贸易为重点，打造长沈路精品整车贸易一条街，引进了宝马、奔驰等国际国内知名品牌。

哈尔滨平房汽车零部件产业园入驻企业已达70余户，其中以哈飞汽车股份有限公司、东北轻合金有限责任公司、东安汽车动力股份有限公司、东安汽车发动机制造有限公司等为龙头企业。2012年，全市共生产汽车整车84.6万辆，同比增长18.3%；汽车及零部件产业实现产值1522.4亿元，同比增长23.8%。哈尔滨平房汽车零部件产业园区是国家核准的省级经济开发区，近年来与国家中俄信息产业园哈尔滨园区组成哈大齐工业走廊哈尔滨平房工业园区。园区重点发展汽车及汽车零部件制造业和对俄电子信息产业等先进制造业，园区内设有创业孵化中心、汽车工程研发中心、汽车零部件产品研发中心、投资服务中心、黑龙江动漫产业（平房）发展基地、哈尔滨国际软件外包园及铝镁合金材料园，构建了汽车、汽车零部件、电子信息产品、新材料"一区多园的发展格局"。这里已成为创业者的家园、投资者的乐土。

（二）轨道交通设备制造业

哈长城市群轨道交通设备制造业分布于长春、哈尔滨、齐齐哈尔，主要生产电力机车、内燃机车、铁路客车和城市轨道车辆，重点企业有长春轨道客车股份有限公司、长春客车厂、哈尔滨轨道交通装备有限公司、齐齐哈尔轨道交通装备有限公司。长春轨道交通装备制造产业园坐落在长春绿园经济开发区，随着高速列车工程试验中心的启动建设，现已粗具规模，初步形成长春轨道交通装备制造产业研发、检测、制造、维修、配套集中区。

（三）通信设备、计算机及其他电子设备制造业

通信设备、计算机及其他电子设备制造业是采用高新技术生产的现代制造业，包括通信设备制造、雷达及配套设备制造、广播电视设备制造、电子计算机制造、电子器件制造、电子元件制造、家用视听设备制造。哈长城市群通信设备、计算机及其他电子设备制造业主要分布于哈尔滨和长春。

（四）医药制造业

医药制造业是典型的高新技术产业中的现代制造业，主要包括化学药品制造业、中药材及中成药加工、生物制品制造业。哈长城市群医药制造业主要分布于长春、哈尔滨和通化，其中长春生物制药产业、通化中药制药产业发展较快，重点企业有吉林修正药业集团、吉林敖东药业集团、通化东宝药业和哈尔滨医药集团。长春市现有生物生产企业80余户，生物技术企业超过200户，年产值超过400亿元，已经成为亚洲最大的疫苗和基因药物研发基地；通化地处长白山，中药材资源丰富，先后成为国家级现代中药基地、生物医药产业基地，现有医药企业近90户；哈尔滨一直以化学制药闻名全国，目前拥有以哈药集团为代表的十余个制药企业。

（五）其他现代制造业

哈长城市群现代制造业中除交通运输设备、通信设备、计算机及其他电子设备、医药等制造业外，还有一些用现代技术武装起来的现代制造业，如重型机械和大型成套装备制造业、数控机床及工

具制造业、发电和输变电设备制造业、轴承制造业、光电子信息产业、新材料产业。重型机械和大型成套装备制造业主要包括矿山、建材机械、冶金、电子、通用机械、煤炭成套装备制造，分布于齐齐哈尔、长春，主要企业有：中国第一重型机械集团、吉林省公路机械有限公司、吉林江山重工集团、长春电炉成套设备有限公司。

数控机床及工具制造业分布于长春、齐齐哈尔，重点企业有齐齐哈尔一机床和二机床、长春一机床和二机床；发电和输变电设备制造业分布于哈尔滨、长春，以哈尔滨电站设备集团和特变电工沈变集团为龙头企业。光电子信息产业主要有光显示、激光制造及加工、光电装备制造、汽车电子、电力电子及半导体器件等产业，长春国家光电子产业基地发展较快。

三 地域间产业体系整合

哈市有装备、食品、石化、医药四大主导产业，齐齐哈尔以食品制造和农副产品加工业为主导产业，大庆以石油化工、高端装备制造、新材料、食品加工、现代服务、生物医药和光伏发电产业为主导产业。长春市以汽车、农产品加工、轨道客车为优势产业，以先进装备制造、生物与医药、光电子、新材料新能源、精优食品加工和高端生产性服务为主导产业；吉林市重点打造化工、汽车、冶金、农副产品深加工四大支柱产业。哈长城市群的产业体系具有较高的相似性和互补性，以哈高新区和长春高新区为例，积极探索产业间的地域系统的整合尝试。

1. 哈高新区鼓励发展的四大产业方向

（1）新材料产业集群，重点发展智能材料与结构技术、高温超导技术、高效能源材料技术的新型金属材料，以及有（无）机材料、复合材料等新型材料技术产业。

（2）新能源产业集群，重点发展太阳能光伏光热、新型替代能源、污染防治设备、环境监测仪器等技术产业。

（3）新一代信息技术产业集群，重点发展下一代通信网络、物联网、三网融合、新型平板显示器、高性能集成电路和云计算。

（4）现代服务业集群，重点发展金融业、保险业、居民服务业、旅游业、咨询信息和各类技术服务业，以及教育、文化、交通运输业。

2. 长春高新区六大产业发展方向

（1）先进装备制造产业是长春高新区第一大支柱产业。高新区依托现有整车及零部件产业优势，进一步丰富产业内涵，全面提升和壮大装备制造产业。高新区装备制造产业集聚步伐明显加快，自主品牌汽车与零部件、机电装备中的材料试验机、校直机等产品创新能力全国领先。目前，高新区拥有先进装备制造类企业 300 余家，市级以上研发机构 27 家。

（2）生物医药产业。2009 年至今，规划建设长东北生物与医药科技产业园，重点发展生物疫苗、基因工程、现代中药三个领域，形成独具特色的生物医药产业链，成为长春生物医药产业核心区。目前，全区拥有各类医药企业 200 余户，90% 以上具有研发能力，产品 600 多种。

（3）光电子产业。高新区依托长春光机所、理工大学等技术方面的优势和已经形成的产业基础，重点发展光电显示、半导体照明、大功率半导体激光等，打造国内外技术领先、工艺先进的光电子产业集群，吸引吉林环宇、希达电子、新产业光电、禹衡光学等一批国内外知名企业纷至沓来。特别是 2012 年，围绕打造 LED 产业集群，组织承办了 2012 年东北亚半导体照明技术及应用创新论坛，在长东北核心区规划了占地 1 平方公里的 LED 产业园，总投资 40 亿元的深圳光电 LED（北方）产业城项目、总投资 6 亿元的勤上光电半导体照明项目实现签约，并与中国照明学会签订了合作协议。

（4）新材料新能源产业。高新区依托长春应化所、吉林大学在研究领域的技术优势，以汽车先进材料为核心，重点发展先进结构材料、特种功能材料、环境友好材料、新型建筑材料等四个领域；同时大力发展光伏、风电、生物质能、动力电池等新能源与可再生清洁能源技术及相关产品，形成特色鲜明、技术前沿的新材料新能源产业集群。在此基础上，高新区与启明孵化公司合作建设了占地12.3万平方米的汽车电子产业园，共同打造长春国家汽车电子高新技术产业化基地。目前，高新区拥有新材料新能源领域企业120户，初步形成了以热缩复合材料、纳米材料、汽车材料、特种工程塑料和金属材料为代表的产业布局。

（5）精优食品加工业，长春高新区依托吉林农业大省的资源优势、科研优势和产业基础，重点发展有机食品、绿色食品、名优食品等，形成精优食品加工产业集群。

（6）高端现代服务业，文化创意、软件与服务外包、现代物流为高端服务业三大重点区域，其中以文化创意发展最为迅速。全区现有吉林动漫集团、禹硕动漫、东师理想等国内知名文化创意企业200多家。

第四节　哈长城市群空间整合发展

一　空间整合的模式

（一）双核驱动模式

哈长城市群有两个超大城市，分别是哈尔滨和长春，两者分别是黑吉两省的省会城市，成为哈长城市群的两个核心城市。这两个核心城市空间距离较近，自然、经济、社会、文化状况比较类似，一体化发展的趋势非常明显。当面临资金不足、资源匮乏、基础设施滞后等共同的困难时，只有发挥"双核"的整体优势，才能解决好共性问题，使得两个城市都从中受益。"双核"模式城市群空间整合的关键在于打破条块分割，促进城市互补，改变两市孤立发展的状态，使毗邻状态转换为区位优势。单纯依靠一个城市来发展，与其他城市相比，明显不占优势，采用双核驱动模式发展哈长城市群，进行空间的整合，有利于发挥城市的规模作用，促进综合实力的提升。

（二）"中心—外围"模式

距离区域性大城市越近，越有利于城市经济增长，但省际行政边界的存在降低了区域性大城市对外省城市的吸纳效应，这也证实了省际市场分割的存在。这与新经济地理学的城市体系的"中心—外围"模式是一致的。哈尔滨和长春两个城市都具有中心城市的作用，地处两个省份，存在省内中心城市的辐射带动作用，因此在"双轮"驱动的前提下，发挥各自的辐射带动作用，扩大区域竞争优势，哈尔滨凭借哈大齐工业走廊的优势，带动大庆、齐齐哈尔、绥化等地区，长春凭借吉林省中部城市群的优势，带动吉林、松原、四平、辽源等地区。

（三）"点—轴"模式

"点—轴"模式是增长极模式的扩展。增长极数量的增多，使增长极之间出现了相互连接的交通线，多个增长极及其间的交通线就具有了高于增长极的功能，理论上称为发展轴。发展轴应当具有增长极的所有特点，而且比增长极的作用范围更大。"点—轴"开发理论是在经济发展过程中采取空间线性推进方式，是增长极理论聚点突破与梯度转移理论线性推进的完美结合。随着经济的发展，经济中心逐渐增加，点与点之间由于生产要素交换，需要交通线路以及动力供应线、水源供应线等，这些相互连接起来的线就是轴线。这种轴线首先是为区域增长极服务的，轴线一经形成，对人口、产业就具有了吸引力，吸引人口、产业向轴线两侧集聚，并产生新的增长点。点、轴贯通，就形成"点—轴"系统。因此，点与轴的开发可以理解为从发达区域大大小小的经济中心（点）沿交通线路向不发达区域纵深发展、推移。

1."点—轴"开发模式

（1）在一定的地域空间范围，选择若干比较优势明显的、具有开发潜力的重要线状基础设施经过的地带，作为发展轴予以重点开发。

（2）在各发展轴上确定重点发展的中心城镇，使之成为增长极，并确定其性质、发展方向和主要功能。

（3）确定中心城镇和发展轴的等级体系，重点开发较高级别的中心城市和发展轴，随着区域经济实力增强，开发重点逐步转移扩散到级别较低的发展轴和次级城镇，最终形成由不同层级的发展轴和中心城镇组成的多层次结构的"点—轴"系统，进而带动整个区域的经济发展。"点—轴"开发模式往往成为开发程度较低、经济比较落后的地区首选的空间开发模式。

2."点—轴"模式的适用性

对于"点—轴"模式的发展要关注以下三点，即注意所在区域的经济发展水平，注意各增长极之间的经济联系程度，注意发展轴的经济合理的空间距离。

3."点—轴"换式模式特征

（1）方向性和时序性。点轴渐进扩散过程具有空间和时间上的动态连续特征，是极化能量摆脱单点的限制走向整个空间的第一步。

（2）过渡性。点轴开发开始将开发重点由点转向了轴线，而多个点轴的交织就构成了网络，点轴开发成为网络形成的过渡阶段。

随着区域网络的完善，极化作用减弱，而扩散作用增强，区域经济逐渐趋于均衡，因此"点—轴"渐进是区域由不平衡向平衡转化的过程，对于欠发达地区来说也是二元经济结构逐渐消除的过程。

可见，对于区域开发与规划实践来说，"点—轴"渐进扩散理论除了回答经济发展和集聚过程外，更重要的是提供了极化方向和时序控制这一新手段。

二 大都市城市圈空间整合方略

基于城乡二元结构、生产与分配严重不均衡的国情，我国城市化路线必然要以大都市圈为主导，增量城市化是一个重要战略目标，实现途径一是通过乡镇企业向新建中小城镇集中，二是通过政府规划使原有城市改造、扩容与新增城市建设引导城市化向建设大都市圈方向发展。大都市圈模式最能够集约利用土地，形成完整的产业体系，大量减少交通运输需求，提高企业乃至一个地区的经济竞争力。而事实证明，都市圈发展模式对于优化区域经济资源、打破行政分割、推进合作共赢，意义重大。此外，都市圈是现代产业实现聚集发展的最佳模式，以都市圈为载体，可以实现都市产业的生态化聚集。

（一）打造长春大都市城市圈

长春具备建大都市圈的条件。首先，国务院发布的《关于进一步实施东北地区等老工业基地振兴战略的若干意见》《中国图们江区域合作开发规划纲要——以长吉图为开发开放先导区》为打造长春大都市城市圈提供了重大政策机遇。根据大都市圈形成的国际标准，长春大都市圈已经具备进入规划实施的基本条件，长春市地区生产总值、规模以上工业总产值、全口径财政收入、人均 GDP 等主要经济指标年均增长较快，在经济规模上可以再造一个长春。届时，长春与吉林两市的经济发展水平与东部沿海发达城市的差距将大大缩小，成为带动区域经济发展的核心。在硬件基础建设方面，随着吉林省高速公路"五纵五横三环四联"规划蓝图的实施，以长春为中心的7条外射形高速公路网和2条环型高速公路网，使长春周边众多城市纳入长春大都市圈发展覆盖范围；以"一主四辅"为规划蓝图的西部白城机场、中部龙嘉机场、东部延吉机场、长白山机场和通化机场的建设，将形成一个以长春大都市圈为核心的雁阵空港网。

其次，强化长春腹地支撑能力，开展长春大都市圈规划与建设并不是长春单个城市发展的问题，而是具有多重战略意义的。一是有利于强化长春市在长吉图经济圈中的腹地支撑能力。通过合理产业分工和密切协作，长春、吉林可以通过周边中小城市承接其转移产业，实现产业升级，成为长吉图乃至东北亚的资源要素集聚高地、产业和科技创新高地、国际物流枢纽中心、区域性金融中心和东北亚国际商务基地。二是有利于加快长春大都市圈内的城镇化进程。三是有利于促进长春大都市圈内的人才、区域环境管理、信用管理等软实力的一体化。

（二）打造哈尔滨大都市圈

哈尔滨都市圈是以哈尔滨市主城区为中心，以"一小时"通勤圈（100公里左右）为半径，主要包括哈尔滨市区及周边的五常、双城、阿城、尚志、宾县、肇东6个县（市）。都市圈空间组织形成"一主三副三核、六轴三圈层"的结构。"一主"指哈尔滨都市圈的中心城市哈尔滨；"三副"指目前哈尔滨都市圈中实力较强的阿城、双城、肇东3个县（市）；"三核"指位于哈尔滨都市圈东部和南部、经济发展缓慢的宾县、尚志、五常3个县（市）；"六轴"指贯通都市圈东南西北的"城镇—产业"共生轴线，包括"哈大齐牡"沿线"城镇—产业"共生轴、"京哈—哈绥"沿线"城镇—产业"

共生轴、"哈五"公路和铁路沿线"城镇—产业"共生轴、"同三""哈萝"公路以及松花江沿线"城镇—产业"共生轴;"三圈层"指都市圈因社会经济发展和城市建设差异而形成的三个垂直分工明确的圈层,即核心圈层、紧密圈层和扩展圈层。

社会设施规划:全面提升城市服务功能水平,减少都市圈内城与城之间、城乡之间居民的生活差距,最大限度地为居民提供优质、高效、舒适、生态的社会设施服务体系。中心城区建成社会设施齐全、完备和谐的国际性大都市,既有能参与国际竞争的大型社会设施,又有为普通市民服务的社区型生活设施。卫星城要配置完整的教育设施系统和独立的科研机构,面向全市服务;医疗卫生系统则安排市医院、中医院、康复医院、保健院,文化体育设施有少年宫、影剧院、科技馆、体育馆、体育场,休疗养设施有敬老院、疗养院,面向全市服务。重点城镇应配置小学、中学、卫生医院、文化站、科技中心、体育场、敬老院等。一般性城镇配置小学、卫生保健站、文化站、科技服务中心、敬老院等。

三 空间整合的机制

(一) 建立哈长城市群空间整合科学机制的必要性

城市群空间整合的目标是要实现城市群整体利益和各城市利益的最大化,这一目标的实现离不开城市群空间整合的科学机制。城市群空间整合需要良好的整合机制来推动生产要素在空间上的自由流动,从而形成整体的竞争优势,否则城市群的空间结构会在很长一段时间内维持原有结构而不发生质的变化。

(二) 机制的构成

哈长城市群空间整合的总体目标就是要达到城市群整体利益的最大化,提高哈长城市群在全国乃至东北亚地区的竞争力。具体来讲就是要通过城市群的空间整合实现各城市协调发展、产业合理分工和布局、生态环境改善和优化,交通等基础设施的共建、共享等,从而形成空间上的一体化发展,实现各城市的双赢和多赢。哈长城市群空间整合的内容是多方面的,具体包括产业结构的空间整合、城镇发展的空间整合、生态环境空间整合等。

(三) 机制的内在联系

城市群的空间整合是由基础设施、产业结构、城市、政府调控与经济政策在空间上的相互作用构成。哈长城市群空间整合机制必须立足于统一、开放的市场环境,在法律的框架下推进空间的整合。在城市群的发展过程中,各城市之间不可避免地出现对资源、市场的竞争,最终损害了整个城市群的利益,各自为主的行政区经济也使城市群空间上的人流、物流、资金流受到阻碍,使城市群的资源不能进行合理配置,各城市之间不能形成合理的产业分工,城市的发展也难以协调和互动。

第五节 哈长城市群城乡生态环境整合

一 城乡生态环境整合的必要性

随着哈长城市群工业化、城镇化进程的加快,经济总量的增长,城市基础设施大规模的建设。强烈的现代化需求、密集的人类活动、快速的结构性增长和高物耗、高污染严重的产业发展对城市及区域生态环境构成威胁。各级城市的生产、生活与生态管理职能条块分割,以产量、产值为主的政绩考核指标和短期行为,以及生态意识低下,生态教育落后,导致整体生态环境的恶化。

吉黑两省重化工业的结构特点鲜明,资源环境的压力较大,2011 年吉林、黑龙江的万元 GDP 能耗分别为 0.92 吨标准煤/万元和

1.04 吨标准煤/万元，而全国万元 GDP 能耗为 0.79 吨标准煤/万元；2012 年吉林和黑龙江分别为 0.84 和 1.00 吨标准煤/万元，全国万元 GDP 能耗为 0.70 吨标准煤/万元。由此可见，吉黑两省万元 GDP 能耗均高于全国的平均水平，因此走新型工业化道路，坚持发展循环经济，对城乡生态环境进行科学整合，探索实现经济社会与生态环境整体协调发展的现代化之路，是哈长城市群十分迫切的任务。

二 城乡生态产业整合发展方向

(一) 彻底解决结构性污染问题

结构性污染是使环境日益恶化的根本原因，单纯的末端治理不但投入大，而且也不尽如人意，污染的防治必须与调整结构结合起来。通过资源的优化配置实现清洁生产、降低能源和原材料消耗，减少污染的产生量。通过用高技术产业改造传统产业和高技术产业的产业化，提高产品科技含量和附加值；生产绿色无污染产品，带动产业结构和产业升级；通过淘汰落后产能、生产工艺和产品，从根本上调整不合理的结构和布局；推动增量结构的调整，提高经济运行的总体质量和效益。

(二) 鼓励发展环保产业

环保产业是一个新兴的产业，为环保提供技术和设备保障，是最具有潜力的新经济增长点之一。

根据哈尔滨和长春市环保产业的特点及优势产品，确定鼓励发展的项目及配套政策，引导环保产业的发展方向。落实国家经济贸易委员会发布的《当期国家鼓励发展的环保产业设备（产品）目标》有关优惠政策，按照"有所为、有所不为"的原则，重点支持粉尘治理、烟气脱硫、城市垃圾处理等成套化设备与技术的研究。通过灵活多变、以低成本引进国内外先进环保技术的发展方式，研究环保市场的科技创新动态，利用环保市场及技术多元化的趋势，引进国内外成熟技术，开发符合哈长两市环保产业发展的适用技术。

（三）推动节能降耗和资源综合利用

贯彻落实《节约能源法》和《国务院关于进一步开展资源综合利用的意见》，大力推进节能降耗和资源综合利用工作。重点抓好工业节水工作，积极开展创建节水型企业活动，压缩淘汰耗水量大，用水效率低，水污染严重的工艺和设备，鼓励推广使用高技术产品。加快节能新技术、新工艺、新设备的推广应用，组织实施清洁煤燃烧技术，提高能源利用效率，减少污染排放。对此，哈尔滨和长春两市工业节能降耗成效斐然。

1.哈尔滨积极推动工业发展方式转变，不断加大节能降耗力度，提高区域工业内在素质

面对工业企业能耗大户多、节能降耗形势严峻的实际，哈尔滨从重点用能行业和企业入手，在冶金、电力、化工、医药、建材等高耗能行业，以西钢集团阿城钢铁公司、亚泰集团哈尔滨水泥有限公司等企业为重点，加快资源高效利用和循环利用，探索"绿色煤电"循环经济增长模式。对30家重点用能企业开展节能监察，不断加快淘汰落后产能，自2007年以来全市淘汰了23户企业的落后产能。与此同时，哈尔滨市还大力推广资源、能源节约和替代技术、能量梯级利用技术、延长产业链相关技术等重大节能新工艺、新技术。并大力推进节能技术改造，组织实施亚泰集团哈尔滨水泥有限公司、黑龙江省宾州水泥有限公司和黑龙江岁宝热电有限公司等企业的多项重点节能改造项目，重点推广电机变频调速技术、锅炉窑炉提效等节能技术。哈尔滨还鼓励企业不断扩大资源综合利用范围，提高资源综合利用率，减少环境污染。自2007年以来，累计已有180余户（次）企业通过了资源综合利用产品的认定，获得国家税收优惠 1 亿元左右。

2. 长春努力构建以"政府为主导，企业为主体，市场有效驱动，全社会共同参与"的节能工作格局

长春市工业节能降耗工作始终以科学发展观为指导，把建设资源节约型、环境友好型新型工业体系放在工业经济发展的突出位置，紧紧围绕"调结构、转方式、稳增长"发展方针，认真贯彻和落实国家和省工业节能与资源综合利用政策，致使全市工业节能降耗各项工作全方位展开并取得明显成效，单位工业增加值综合能耗连年降低，2012 年全市规上工业单位增加值综合能耗同比下降了 5.5%，超过省下达的节能工作目标。

（1）明确目标，把握重点强化手段。积极强化节能手段，努力建立健全考核奖惩制度。结合实际制定了《长春市工业节能降耗目标考核实施意见》，使节能考核体系得到进一步完善。筛选确定全市 28 户重点工业用能企业，将其列入国家"十二五"万家企业节能低碳行动。政府与这 28 户企业的主要负责人签订了"十二五"节能目标责任书，要求这些重点企业进一步提高节能效率，增强紧迫感，认真抓好责任落实，确保实现"十二五"节能目标。

（2）推进节能宣传培训和项目申报。积极利用《长春市工业节能简报》和长春市工信局网站进行节能政策和工作开展情况的宣传和报道，专门整理编印《2012 年工业节能与资源综合利用资料汇编》。将 17 户企业列入省级节能项目计划，共获得 1000 余万元财政专项资金支持。同时组织 35 户企业的 40 个产品通过了资源综合利用评审认定，使全市年综合利用粉煤灰、煤矸石、工业炉渣等工业废弃物达到 300 万吨，综合利用水泥 1000 多万吨，墙体材料 90 万立方米，产值高达 30 多亿元。

（3）加强节能监察和能源审计工作。以电力、水泥、机械加工、食品、供热等主要用能行业为重点，始终坚持对全市重点用能企业开展能源审计工作。仅 2012 年就为企业查找出节能薄弱环节 95 项，提出节能整改的合理化建议 38 项，使企业节能意识普遍增强，节能管理水平逐渐提高，节能目标更加明确，有效提高了企业能源利用水平。

（4）节能降耗在基层。总结大成集团和大唐长春第二热电有限责任公司等基层企业的节能经验在省内推广，得到良好的效果。

三 城乡生态服务业整合发展方向

（一）建设生态工业园区

生态工业园区的功效主要是用产业链和环保链促进在园区内各企业进行合作，到达最优化利用资源，特别是以相互利用废料为目的。生态工业园区的建设是一种主动的、自觉的行动。这一行动的目的就是寻求恰当的、最优的工业活动组合，这种工业活动组合可以是联合企业、独立企业联合体，或者是相互联合的独立企业。

（二）倡导城市绿色消费

所谓绿色消费，是指消费行为要有利于人类自身的健康，要有利于人类生活其中的生态环境的平衡和保护。

绿色消费是节约型的，适度的消费避免了由于非经济因素造成的多余消费。绿色消费是科学的、文明的、合理的消费，追求消费后果要有益于身心健康。绿色消费行为主要有，不购买在使用中和使用后对身体健康有害的产品和服务，如香烟、含色素的食品、被污染的食品等，不购买污染环境的产品。鼓励购买再生原料生产的产品，不购买超出需要的产品和服务，坚持适度消费。绿色消费使绿色产品渗透市场和占领市场，并逐步形成一种绿色市场的竞争促进绿色产品和生态产业的发展，又进一步扩大了绿色市场的范围和领域，使绿色消费和生态产业之间形成互动机制。

第七章 构建哈长城市群整合发展的支撑平台

第一节 构建哈长城市群整合发展支撑平台的基础

一 支撑平台建立的必要性

城市群支撑平台的建设关系到城市各个方面的发展，面对城市群发展中存在的自然、生态、历史文化资源过度开发、资源被破坏严重甚至枯竭，资源要素低效配置等问题，城市群的支撑平台建设要避免重复建设，共享基础设施建设，提高资源的利用效率。

城市群支撑平台建设的根本目标在于通过建立城市群内部的基本组织和相应的制度，降低发展成本，形成有利于区域发展的合作机制，造就城市群内部良好的区域协作和调节环境，为城市群支撑其他方面的整合提供条件和保障，最终达到城市群健康可持续发展的目的。

哈长城市群支撑平台建设整合的内容涉及经济、社会、政治、资源、环境等各个方面，但主要侧重在市场难以有效发挥作用的领域，包括区域协调机制、基础设施建设布局以及支撑经济社会的土地资源利用、开发利用等方面。从城市群一般发展规律来看，公共资源统一配置、规划、开发和公共基础设施尤其是跨境性基础设施的建设以及协调发展机制是城市群建设不可回避的重大问题。其中区域合作和城市基础设施、公共资源利用等空间领域，成为从效率和环境角度增强地区竞争力的主要手段（张尚武，1999）。

二　支撑平台建立的基本理念

支撑平台建立的理念分为区域协调机制整合、基础设施建设布局整合和土地资源整合的基本理念。区域协调机制在促进区域经济发展过程中，起到重要的作用。在城市群发展过程中，加快协调机制的整合，积极营造良好的发展环境为城市群可持续发展、快速协调打下了坚实的基础，提供了有力的保障。基础设施为生产和生活提供了一般的公共设施，既是生产和生活的物质基础，也是区域和城市经济体系中重要的产业部门，其数量、质量、功能和效率是制约区域和城市运行的直接因素。因此，城市群基础设施的建设布局要符合系统的整体性和建设的超前性两个基本原则，而且内部各个子系统之间要保持合理的协调关系。

第二节　整合区域协调机制

一　基本原则

整合哈长城市群区域协调机制的基本原则为：以政府间加强沟通合作为先导。哈长城市群是一个跨行政区的空间地域单元，行政区之间由于客观存在的利益驱动机制等原因使城市群在发展过程中出现诸多难以整合的现象。在现行体制下，政府的行政推动力在地区发展中的作用仍然强势。所以区域协调机制的整合首先需要政府间在城市群发展目标、基本途径等战略性问题上达成共识，加强沟通与合作，推动经济社会发展的政策整合。

重点推进以市场为主导的政策整合原则。政府之间的通力合作为区域协调发展奠定了坚实的基础，但是要实现城市群的整合发展，关键在于城市群形成内在机制的整合，即对促进经济一体化倾向明显的市场政策进行整合。这些政策包括产业政策、投融资政策和开放政策等。

以社会保障为核心的社会发展政策整合为保障原则。社会发展政策所包含的科技教育、社会保障等政策，为城市群范围内生产要素流动创造了有利的条件，解除了人才流动的后顾之忧，也消除了地方政府对投资整合为地方经济增长可能带来的负面影响。

二 基本任务

整合区域协调机制，就是从制度上、体制上消除不利于城市群整体发展的诸多制约因素，克服长期以来存在的以行政区利益为中心的驱动机制的影响，对哈长城市群建设而言，区域整合机制，需要完成以下几个方面的任务。

（一）建立权威的协调机构和统一有效、制度化的协调机制

在哈长城市群发展的重大问题决策上，建立健全公众参与、专家论证和政府决策相结合的决策机制。加强制度协调和政策协调，统筹安排投资项目。

（二）加快统一市场建设，充分发挥市场机制的作用

在哈长城市群整合发展过程中，要着力统一市场的形成，建立合理的竞争机制和有效的激励机制。加强市场经济秩序整顿的合作与联动，大力推动区域信用环境建设，营造公平的市场竞争环境，形成统一、开放、竞争有序的市场体系。

（三）以产业主体功能区为依托，构建统一投资机制

根据城市资源环境承载能力、现有产业发展状况和发展潜力，

细化哈长城市群的产业主体功能。明确各类主体功能区开发政策，引导投资按产业类型向主体功能区分布，促进特定产业向特定地域集聚。

（四）整合发展科技文化等社会事业，提高社会保障水平

通过整合科技资源，努力把哈长城市群的整体研发水平和技术创新能力提高到一个新的层次。整合文化资源，解决城市发展中体制机制障碍，提高城市管理水平，建立和完善与经济发展和城镇化进程相适应的多支柱、多层次、广覆盖的社会保障体系。

三　协调机制的整合

（一）建立协调机构

建立协调机制，关键在于协调机构的权威性和科学性。从哈长城市群的实际来看，应成立哈长城市群建设领导小组，其基本职能是定期举行协调会，就重大生产力布局、跨行政区的基础设施建设、重要资源开发、生态保护与建设、资源整合与共享等重大事宜进行决议。组织实施哈长城市群的总体和专项规划，协调两省的部门和规划。

（二）整合产业政策

整合产业组织政策、产业结构政策、产业分布政策，并有效实施，将产业优惠政策落实到特定的空间和特定的产业上，以促进主体功能区和产业集群的形成，发挥产业集群的带动作用，提高整个区域的产业竞争力。

（三）整合对外开放体制

在招商引资的过程中，把哈长城市群作为一个整体向外推出，

充分发挥哈长城市群的区位、能源、产业、市场等优势,吸引外商投资和承接东部地区产业转移,促进区域内优势产业不断发展壮大。发挥其作为东北亚腹地对外开放的主平台作用,依托优势产业,龙头企业和优质项目,积极采取项目融资、股权融资、企业并购、境外上市等方式,进一步改善投资环境,拓宽投资领域,吸引外资加快区域内重点产业扩展,形成外资密集、内外结合、带动力强的经济增长群。

第三节 整合基础设施建设布局

一 基本原则

城市群基础设施整合的基本原则如下。

(一) 城市群整合参与主体的多元化原则

城市群基础设施整合涉及国家及所在区域的方方面面,所以城市群投资主体、基础设施规划与管理主体应该而且必须实施多元化战略,国家相关部门和黑吉两省政府、哈长两市政府、企事业单位乃至个人都可以成为城市群投资、基础设施规划与管理、整合的主体。

(二) 协调是城市群基础设施整合的基本原则之一

城市群内部基础设施建设投资主体和整合主体呈现多元化趋势,在市场经济条件下,不同的主体具有不同的利益,在不同主体之间必然存在着矛盾和冲突,协调不同利益主体之间的矛盾和冲突自然成为城市群基础设施整合的基本原则之一。

(三) 多赢原则是城市群基础设施整合的另一个原则

多赢原则使得所有的参与者均可享有利益,从而保证了所有参与者均能发挥最佳的能量和效应，并进一步实现了资源的优化配置。城市群内部不同的投资主体、整合主体的基本利益冲突在一定程度上导致了城市群内部基础设施难以整合。实行多赢原则，化解了这些不同主体之间根本利益冲突，使所有参与的主体均从中受益，这就从根本上解决了城市群基础设施难以整合的问题打下了基础。

二　基本任务

哈长城市群的基础设施整合，就是缩短城市群内部各个城市之间的时空距离，促进相互融合和要素资源共享，提高城市群的整体承载力，减少城市群内部的重复建设和资源浪费。

（一）快速交通网

实施"对接畅通"工程，充分发挥铁路运输潜力，完善公路网络，加快构建以高速公路为主骨架，国道、省道干线公路相配套的省级公路主枢纽，形成区域间"四通八达"的高速公路、城市间快速通道和农村等级公路组成的"一小时经济圈"，采取"规划联动、市场联动、政策联动"的方法。

（二）现代物流网

建立并完善立足东北亚，辐射全国、布局合理、衔接畅通、运行高效的公共物流基础设施，基本建成由物流枢纽、综合物流园区、物流中心三层节点为支撑的现代物流网络体系。形成以哈尔滨、长春两个中心的市域物流节点相互衔接、协调发展的物流枢纽。

（三）高速信息网

整合城市群信息资源，共同开发综合性或专业性的公共信息资源交换平台，促进区域内公共主干道信息传送网、卫星传送网、信息运用系统的连通，形成以光纤通信网络为主的大容量、共享式的信息高速公路，实现信息资源共享。

三 基本措施

（一）基础设施整合要纳入城市群内部协调的范畴

在哈长城市群区域协调机构内部设立具体的部门或者办公室负责城市群的基础设施整合的协调事宜，这样就能将城市群基础设施整合完全纳入城市群整体协调发展的范畴。在城市群区域协调协议的框架内，城市群基础设施整合行为就被赋予了一定的法律效力。领导小组协调委员会负责基础设施建设规划或者有关协议执行的管理和监督。城市群内部各个地理单元之间签署基础设施规划、建设、监督与管理的基本协议。

（二）组织基础设施整合的参与主体

利用多种方式，吸引各级政府、企业、社会团体、有识之士等广泛参与城市群基础设施体系的设想与规划，实现城市群基础设施体系规划参与主体的多元化。在规划论证时期，要积极吸收各地方政府、企业、民众的建议，以获得多方支持。根据哈长城市群的自然、经济、社会等发展现实与未来的要求，进行城市群内部基础设施的规划、建设和监督管理。

（三）保障基础设施整合参与主体的权益

由于基础设施投资多、回收期长、投资风险大，政府必然成为投资主体，对此应采取有效措施化解投资风险、吸引多方投资，为基础设施建设提供充足的资金支持，缓解政府的财政压力。要制定相应的投资吸引、风险化解等方面的政策，吸引多方参与基础设施的建设投资，实现投资主体多元化。根据基础设施建设的具体要求，遵循多赢原则，制定可行的城市群基础设施建设有关利益协调机制和分配机制，以保障参与主体的基本权益，调动城市群内部甚至是外部参与各方的积极性。

第四节　整合土地资源综合利用

一　必要性

土地资源是人类赖以生存的基础，既是人类活动的载体，又是不可缺少的物资资料。土地资源中的耕地资源和优质农用地资源的数量、质量和分布以及变化趋势关系到粮食安全。

哈长城市群是国家重要的商品粮基地，人口较多、城镇密集、历史悠久，人均土地资源有限。随着工业化和城镇化进程的加快，基础设施建设的大规模展开，产业结构调整和需求结构层次的升级，对土地资源的需求更加旺盛，土地需求的矛盾越来越突出。

二　基本原则和主要任务

哈长城市群对土地资源综合利用的整合应立足于两个基本原则，一是继续实行最严格的耕地保护制度。哈长都是农业大省，提高土地持续生产和生态功能。二是保证土地资源的永续利用并形成良好的生态环境。在经济社会发展过程中，持续、稳定、及时、足量地获取所需的土地资源，更加合理地促进土地利用方式的转变，需要对人口、资源、环境的协调。

哈长城市群土地资源综合利用的主要任务是：在宏观层面上进行总体规划，在中观层面上进行土地整理，在微观层面上突出农村用地和耕地保护。强化土地利用规划体系的协调，从体制源头进一步完善土地利用规划编制程序与组织方法，整合规划体系，加快土地整理步伐，提高建设用地的供给能力，继续实行最严格的耕地保护制度，积极调整农村用地结构，维护粮食安全，满足新农村建设对土地的需求。

三　工程建设

（一）土地资源综合整治工程

坚持"积极推进土地整理，加大土地复垦力度，适度开发宜农土地，工业建设用地尽量不挤占农业用地和生态用地"的原则，对农村田、水、林、路、村、进行综合整治。加快对中低产田的改造步伐，提高粮食综合生产能力。按照基本农田标准化、基本工作规范化、保护责任社会化的要求，建设国家、省级基本农田保护示范区。

（二）土地资源节约利用工程

开展土地资源节约集约利用相关技术研究，建立土地资源节约集约利用的激励机制。完善行业用地定额标准，积极推进企业标准化建设用地，实施工业向园区集中、人口向城镇集中战略，统筹规划新农村建设用地，引导企业、社会合理恰当使用土地资源，从而提高土地的节约集约利用程度。

（三）土地资源调查、检测与评价工程

在哈长城市群信息平台建设的基础上，加强土地资源的调查分析、动态检测和综合评价，为严格土地资源管理提供基础和依据。建设土地管理基础平台和多元地籍信息数据库，开展城市用地和农业用地的质量、价格调查评价及更新检测，尽快完成土地资源普查、城镇地价更新和城市土地潜力调查，对城市土地市场变动情况进行监测，建成覆盖哈长城市群的地质灾害调查与区划信息系统建设。

参考文献

安虎森：《空间经济学教程》，经济科学出版社，2006。

鲍振东：《中国东北地区发展报告（2013）》，社会科学文献出版社，2013。

宾建成：《新国际分工体系下中国制造业发展方向与对策》，《亚太经济》2013年第1期。

陈佳贵、黄群慧：《中国地区工业化进程的综合评价与特征分析》，《经济研究》2006年第6期。

陈建军：《实施以振兴制造业为导向的转型升级战略》，《今日浙江》2012年第3期。

傅家骥：《技术创新学》，清华大学出版社，1999。

傅允生：《产业转移、劳动力回流与区域经济协调发展》，《学术月刊》2013年第3期。

国家发展改革委：《国家新型城镇化规划（2014~2020）》，2014。

国家发展改革委：《全国主体功能区规划》，2011。

姜莹、陈国宏：《辽宁产业结构调整的发展趋势研究》，《沈阳师范大学学报》2010年第4期。

刘海滨：《资源基础型城市群时空演变规律及动力机制》，中国经济出版社，2011。

刘士林：《中国城市群发展指数报告（2013）》，社会科学文献出版社，2014。

刘艳：《中国现代制造业全要素生产率研究》，《当代经济研究》2014年第2期。

刘玉：《中国经济地理：变化中的区域格局》，首都经济大学出版社，2008。

罗士喜：《城市群发展研究——以中原城市群为例》，河南人民出版社，2006。

马永红：《东北老工业基地装备制造业集群化发展对策》，《商业经济》2007年第1期。

倪鹏飞：《中国城市竞争力报告（2008年）》，社会科学文献出版社，2009。

裴志扬：《城市群发展研究》，人民出版社，2009。

钱纳里等：《工业化和经济增长的比较研究》，上海财经大学出版社，1989。

任泽平：《未来十年中国制造业发展前景展望》，《发展研究》2013年第6期。

王发曾：《中原城市群整合研究》，科学出版社，2007。

王天伟：《现代制造业发展趋势》，《天津经济》2013年第3期。

魏后凯、吴利学：《中国产业集群发展现状与特征》，《经济研究参考》2009年第3期。

姚士谋：《中国城市群》，中国科学技术大学出版社，2006。

姚士谋等：《中国城市群发展报告（2010）》，科学出版社，2011。

约翰·科迪等：《发展中国家的工业发展政策》，经济科学出版社，1990。

张晓艳：《后现代城市规划思潮》，吉林人民出版社，2008。

张学良：《2013中国区域经济发展报告——中国城市群的崛起与协调发展》，人民出版社，2013。

朱京海：《城市·规划·哲理》，吉林人民出版社，2005。

后　记

　　《哈长城市群的空间演化研究》从空间演化视角透视了哈长城市群的地域空间、历史阶段、发展演进及未来趋势，是国内较早的、系统的、全面的研究哈长城市群的学术著作。该书是在《哈长城市群建设比较优势研究》（研究报告，吉林省发改委专项资金资助）的基础上进一步完善形成的，为此首先要诚挚感谢吉林省发改委的资金支持和实际指导。同时，书稿的形成过程也是一个逐渐构思、不断完善、修改提炼、升华提升的过程，为此还要感谢全体课题组成员的不懈努力和辛勤劳动。最后，还要感谢社会科学文献出版社的支持和帮助，没有他们认真细致的工作，本书无法及时顺利出版。

　　当然，由于专业差异、学识局限和数据采集中可能存在的相关问题，有关观点和建议尚存在进一步完善之处，尚请读者谅解并提出宝贵意见。

马　克

2015 年 9 月于长春

图书在版编目（CIP）数据

哈长城市群的空间演化研究/马克主编．—北京：社会科学文献
出版社，2015.10
　ISBN 978 - 7 - 5097 - 7795 - 4

　Ⅰ.①哈…　Ⅱ.①马…　Ⅲ.①城市群－发展－研究－哈尔滨市、
长春市　Ⅳ.①F299.273.5②F299.273.4

中国版本图书馆 CIP 数据核字（2015）第 159016 号

哈长城市群的空间演化研究

主　　编/马　克
副 主 编/崔岳春　赫曦滢　肖国东

出 版 人/谢寿光
项目统筹/任文武
责任编辑/高　启　王　颉

出　　　版/社会科学文献出版社·皮书出版分社（010）59367127
　　　　　　地址：北京市北三环中路甲29号院华龙大厦　邮编：100029
　　　　　　网址：www.ssap.com.cn
发　　　行/市场营销中心（010）59367081　59367090
　　　　　　读者服务中心（010）59367028
印　　　装/北京季蜂印刷有限公司

规　　　格/开　本：787mm × 1092mm　1/16
　　　　　　印　张：15　字　数：220千字
版　　　次/2015年10月第1版　2015年10月第1次印刷
书　　　号/ISBN 978 - 7 - 5097 - 7795 - 4
定　　　价/69.00元